30代40代の転職

面接テクニック

採用を勝ち取る!

20代と同じ自己PRと志望動機では採用されません

"経験の差"をアピールする面接テクを完全公開!

秀和システム

はじめに

「また落ちてしまいました……。すべて面接でだめでした。何とかなりませんか……」

このセリフは、とある40代の立派なキャリアを持つ方が発したものです。不採用が続くと顔つきまで暗くなってきます。この方も、優秀そうではあるのですが、見るからにネガティブな印象で、話す内容もすべてマイナスイメージを感じさせるものでした。

優秀な人材であっても30代40代という年齢の壁は高く、このような状況に陥ってる方が多数いるというのが、現代の転職市場なのです。

企業の面接官は、本業の仕事においては「プロ」ですが、面接に関しては「素人」です。しかし、一緒にその仕事をしようとする人が見て良いと考えれば、かなりの率でその人物は新しい職場でも活躍できるもの。話の中で論理性を確認したり、人間性を見たりすることは、必ずしも「面接のプロ」である必要はありません。では、面接の素人である面接官に、「この人物を採りたい!」と思わせるには、どうしたらいいのでしょうか?

新卒や20代転職と異なり、30代40代の転職は、求人企業が必要とするピンポイントの人材を一本釣りする場です。そう考えれば、自ずと面接対策の方法が見えてきます。第一印象も含め「面接官に好印象を与えることが面接の本質」です。30代40代が相手に好印象を与えるには、小手先のテクニックでは歯が立ちません。

本書では、典型的な質問とモデルトークを中心に、好印象を与えるための「転職面接のノウハウ」について解説しています。

皆さまが本書を活用し、単に面接合格というだけでなく、新たな人生の出発点となる転職を果たされることを祈念いたします。

２０１０年４月　井上　隆一

採用を勝ち取る!

30代40代の転職 面接テクニック

Contents

Prologue 超氷河期の転職市場 30代・40代に転職は可能なのか?

◆相変わらず厳しい雇用情勢 ～転職市場は増加するのか～

◆30代・40代の転職に求められること

◆転職の壁と、それを乗り越える基本的な考え方

◆転職活動をどう進めるのか

◆面接対策で人生を変えよう!

第1章 30代・40代の転職面接で必ず押さえておくべきこと

1-1 20代の転職面接とは求められるものがこれだけ違う …… 32

◆20代の転職面接の場合

◆30代・40代転職面接は即戦力性が求められる

◆向上心や柔軟性といった要素もポイントとなる

1-2 面接官は応募者を主観的に判断する……34
◆面接のプロと、面接の素人
◆30代・40代を見る面接官の実態
◆最低限の対策は？

1-3 即戦力・育成力・経営視点を持った戦略性……36
◆30代・40代に期待される3つの要素とは？
◆育成力には部下育成と組織指導の両面がある
◆常に経営者の視点を持つこと

1-4 不採用理由のトップ「やってやろうという気概が感じられない」……38
◆不採用の理由のトップは？
◆自分の言葉で具体的に話すこと

1-5 転職理由についてはしっかりと分析しておこう……40
◆転職理由の分析の必要性
◆転職理由の分析と同時に志望の動機も考える

1-6 不平不満はポジティブ思考な自己PRへ変換しよう……42
◆不平不満については隠すべきなのか？
◆ポジティブ思考な自己PRへの変換

1-7 求人票の情報からは何を読みとればいいのか？……44
◆全体像の推測

◆求人票から考察できること

1-8 何が変わり、何が変わらないのか？……46

◆変わるものと変わらないもの
◆事前の自己分析がどれだけ重要なのか

1-9 「できること」「やりたいこと」「合っていること」……48

◆志望動機は「合っていること」を優先させない
◆自己PRは「できること」・「やりたいこと」で

1-10 応募先企業についての情報収集……50

◆業界と仕事の幅を広げること
◆迅速かつ効率的に
◆30代40代ならではのやり方とは？

1-11 面接で話すことの筋書きは事前に書いておこう……52

◆「下書きは恥ずかしいもの」ではない
◆原稿を作り予行練習を行っておくこと

1-12 30代・40代に対する圧迫面接の意図は？……54

◆ストレス耐性を見ることが目的
◆「お礼」と「お詫び」を使い分ける
◆傾聴スキルの有無が見られている
◆差別に関する質問をする会社は即刻辞退すべき

第2章 30代・40代の志望理由とキャリアのアピールはこうする!

2-1 30代・40代が言うべき志望理由とは? …… 58

◆「何をやりたいか」が基本

◆30代・40代回答のポイントは?

ケース別回答例① 「将来を見据え経営の中枢を担える会社を志望」

ケース別回答例② 「業界経験と広い人脈で次のステージへ」

2-2 30代・40代がキャリアを正しくアピールするためには? …… 60

◆未来に何ができるのか

◆30代・40代回答のポイントは?

ケース別回答例① 「得意とする上流の業務に専念することで、更なる成果を目指します」

ケース別回答例② 「プロジェクトのマネジメントが得意です」

2-3 30代・40代に求められる「仕事に対する姿勢」とは? …… 62

◆「細部」について整理しておくこと

◆30代・40代回答のポイントは?

ケース別回答例① 「現場でのOJTでチーム力を向上させました」

ケース別回答例② 「職場に新風を吹き込みました」

第3章 必ず聞かれる質問 30代・40代に求められる回答は？

3-1 **当社になぜ応募したのですか？** …… 66

◆なぜこの会社なのか？

◆30代・40代回答のポイントは？

ケース別回答例① 「V字回復の経営手腕に感銘したからです」

ケース別回答例② 「御社の製品作りの発想に惚れました」

3-2 **どうしてこの職種を希望したのですか？** …… 68

◆経験の無い職種の場合のアピール

◆30代・40代回答のポイントは？

ケース別回答例① 「前職のトレーナー経験を活かしたいからです」

ケース別回答例② 「子会社設立業務での経験を活かしたいからです」

3-3 **当社で何がしたいのですか？** …… 70

◆具体的に答えることが大事

◆30代・40代回答のポイントは？

ケース別回答例① 「社会性の高い価値創出を実現してみたいからです」

ケース別回答例② 「マーケティングを徹底し客足増に繋げます」

3-4 **当社のことはどの位ご存知ですか？** …… 72

◆入社したければ会社の情報を調べるのは当然

◆30代・40代回答のポイントは?
ケース別回答例① 「実際に利用しており、利便性では群を抜いていると思います」
ケース別回答例② 「セミナーでの事例発表より、これだと確信しました」

3-5 なぜ前の会社を辞めたのですか? …… 74
◆積極的な退職理由を述べること
◆30代・40代回答のポイントは?
ケース別回答例① 「業績不振により日本から撤退したからです」
ケース別回答例② 「45歳以上の転進退職制度で退職しました」

3-6 前の会社を辞めてから大分時間が経っているのはなぜですか? …… 76
◆面接官がブランクを嫌う理由
◆30代・40代回答のポイントは?
ケース別回答例① 「新たなスキルを得るために勉強しておりました」
ケース別回答例② 「介護で親の面倒をみるため、仕事を辞めておりました」

3-7 前の会社の仕事について教えてください …… 78
◆なぜ前職についての質問をするのか?
◆30代・40代回答のポイントは?
ケース別回答例① 「人材開発部での業務で、ヒトの教育の大切さを痛感いたしました」
ケース別回答例② 「〝趣きのある家を企画したい〟という思いが強まりました」

3-8 前の会社での実績について教えてください …… 80
◆「実績」とは何なのか?

◆30代・40代回答のポイントは？
ケース別回答例① 「創意工夫でスタッフのモチベーションを上げ続けました」
ケース別回答例② 「徹底した品質管理で安全を提供してきました」

3-9 前の会社で何か不満はありましたか？……82
◆「不満に対する愚痴」を聞きたいわけではない
◆30代・40代回答のポイントは？
ケース別回答例① 「不満はありませんが、さらに上を目指す意味で応募させていただきました」
ケース別回答例② 「不満はありませんが、さらに業務の領域を広げたいと考えております」

3-10 前の会社での同僚や上司との関係はどうでしたか？……84
◆人間関係を良好に保てる人なのか
◆30代・40代回答のポイントは？
ケース別回答例① 「至って良好な関係でした」
ケース別回答例② 「良き理解者であり、良きサポーターでした」

3-11 あなたの特技（強み）を聞かせてください……86
◆「自己ＰＲしてください」と同意
◆30代・40代回答のポイントは？
ケース別回答例① 「部下の能力を引き出し、チーム力を高めることです」
ケース別回答例② 「スピード感と決断力が強みです」

3-12 **あなたの長所・短所はなんですか？** …… 88

◆プライベートな内容は不可
◆30代・40代回答のポイントは？
ケース別回答例① 「長所は行動力、短所は少々せっかちな所です」
ケース別回答例② 「仕事に対する厳しい姿勢が、長所であり短所でもあります」

3-13 **仕事上で失敗したことはありますか？** …… 90

◆なぜ失敗談を聞くのか？
◆30代・40代回答のポイントは？
ケース別回答例① 「チェックの不徹底からプロジェクトの進行に遅れを生じさせたことがあります」
ケース別回答例② 「契約書上の記載ミスで、会社にもお客様にも迷惑をかけてしまいました」

3-14 **何か苦労されたことはありましたか？** …… 92

◆なぜ、苦労した経験を聞くのか？
◆30代・40代回答のポイントは？
ケース別回答例① 「子会社立ち上げ時の人材不足で追い込まれたことがあります」
ケース別回答例② 「人事部でリストラの宣告をする役目でした」

3-15 **前職の給与（または希望給与）をお聞かせください** …… 94

◆給与額について聞く意図は？
◆30代・40代回答のポイントは？
ケース別回答例① 「現職での年俸は950万円ですが、それ以上を期待します」

ケース別回答例② 「実績および実力に見合うと思われた額を設定してください」

3-16 採用されたらいつから出社できますか？ …… 96

◆入社の意思確認のため
◆30代・40代回答のポイントは？
ケース別回答例① 「既に退職しておりますので、ご指定くださればいつからでも大丈夫です」
ケース別回答例② 「採用決定後、1ヶ月間の猶予をいただきたいです」

3-17 他の会社も受けているのですか？ …… 98

◆なぜ、他社への応募状況を聞くのか？
◆30代・40代回答のポイントは？
ケース別回答例① 「他社は参考程度で、本命は御社です」
ケース別回答例② 「現在は、御社一本に絞らせていただいております」

3-18 最後になにか質問はありますか？ …… 100

◆入社の意欲を伝える最後のチャンス！
◆30代・40代回答のポイントは？
ケース別回答例① 「御社の将来的なビジョンを教えていただけますか？」
ケース別回答例② 「高い顧客満足度と社員満足度をキープされている秘訣は何なのでしょうか？」

第4章 30代・40代には「経営者の視点」での回答も求められる

4-1 **有能な経営幹部がいないのですが、どうしたらいいと思いますか?** …… 104

◆経営者から見た「優秀な人材」とは

◆30代・40代回答のポイントは?

ケース別回答例① 「私でしたら、全社員による経営参画を進めます」

ケース別回答例② 「御社でも、近い将来必ず経営に携われるポジションに就く所存です」

4-2 **高齢の従業員が多いのですが、どうしたらいいと思いますか?** …… 106

◆「従業員の高齢化問題」とは何なのか?

◆30代・40代回答のポイントは?

ケース別回答例① 「技術継承の問題をクリアするべく、人材の補充を積極的に行います」

ケース別回答例② 「高齢の方は、むしろ大きな戦力であると考えます」

4-3 **従業員の教育・育成に手が回らないのですが、どうしたらいいと思いますか?** …… 108

◆もはやＯＪＴだけの人材育成は困難

◆30代・40代回答のポイントは?

ケース別回答例① 「勉強会によるスキルアップが有効かと思います」

ケース別回答例② 「目標管理シートを使い、時間をかけて面談を行っています」

4-4 「経営戦略」について、どのようにお考えですか？……110
◆「リーダー性」を確認することが目的
◆30代・40代回答のポイントは？
ケース別回答例① 「経営陣と現場の管理職が、まずはきちんと話し合うことが大切だと考えます」
ケース別回答例② 「同じことをしていてはダメ　継続的な変革が大切です」

第5章 弱みへの厳しい質問 30代・40代に求められる回答は？

5-1 実務経験が無いようですが、大丈夫ですか？……114
◆「未経験可」を楽観視しないこと
◆30代・40代回答のポイントは？
ケース別回答例① 「マネジメント力でカバーしていきたいと思っています」
ケース別回答例② 「現職は、広報・宣伝業務にも通じるところが多いかと思います」

5-2 もちろん、当社についてはかなり研究されてますよね？……116
◆多面的な要素がチェックされている
◆30代・40代回答のポイントは？
ケース別回答例① 「御社の強さは、人材力にあると思います」
ケース別回答例② 「〝経営革新〟をお客様企業にもたらしたい、そう思っております」

5-3 前職の経験を捨てることに抵抗は無いのですか？ …… 118

◇無駄になる経験など無い、と考えること
◇30代・40代回答のポイントは？
ケース別回答例① 「専門知識は勉強の必要がありますが、ポータブルスキルには自信があります」
ケース別回答例② 「リソースマネジメントの能力は、業界に関係ありません」

5-4 経験があるとのことですが、当社とはやり方が違いますよね？ …… 120

◇同業他社からの転職と言えど甘く見ないこと
◇30代・40代回答のポイントは？
ケース別回答例① 「最も大切な要素に変わりはありません」
ケース別回答例② 「異なるやり方での経験を武器に、差異化を目指します」

5-5 転職回数が多いようですね …… 122

◇ハンデになってしまう場合は？
◇30代・40代回答のポイントは？
ケース別回答例① 「一貫したキャリアを積んできたつもりです」
ケース別回答例② 「堅調にキャリアを積み重ねてこれたと思います」

5-6 転職経歴に一貫性が無いのではありませんか？ …… 124

◇本当に一貫性が無いのか？
◇30代・40代回答のポイントは？
ケース別回答例① 「未経験な業界への転職だとは思っておりません」
ケース別回答例② 「接客の基本をたたき込まれたことも、大きな武器になると思います」

5-7 前の職場をすぐ辞めていますが、なぜでしょうか？……126
◆不平不満を言わないこと
◆30代・40代回答のポイントは？
ケース別回答例①「出向先でのプロジェクト早期終了を、良い機会だと考えました」
ケース別回答例②「前職への転職は、家庭の事情によるものです」

5-8 応募条件の資格を取られていないようですが？……128
◆まずは事前確認を！
◆30代・40代回答のポイントは？
ケース別回答例①「同等の資格を取得しており、実務経験もあります」
ケース別回答例②「今月中には取得できます。また、CCIEにも挑戦していきたいと考えてます」

5-9 当社では、あなたがお持ちの資格を活かせないと思うのですが？……130
◆難関資格はハンデになる場合も
◆30代・40代回答のポイントは？
ケース別回答例①「直接的ではないかもしれませんが、武器になりえる知識です」
ケース別回答例②「コーチングは、自身のスキルアップにこそ有効です」

5-10 職場での年齢差は気になりませんか？……132
◆そんな環境でうまくやれるの？という懸念
◆30代・40代回答のポイントは？
ケース別回答例①「以前の職場でも、年上の部下がおりました」
ケース別回答例②「褒める・叱るで、コミュニケーションを図ります」

5-11 この転職に関して、ご家族はご存知ですか？……134
◇予想以上に厳しく見られている
◇30代・40代回答のポイントは？
ケース別回答例①「もちろん、妻にも子供にも伝えてあります」
ケース別回答例②「会社都合による退職のことも含めて、全て伝えてあります」

5-12 健康状態に問題はありませんか？……136
◇精神的な強さも含めた健康状態が問われる
◇30代・40代回答のポイントは？
ケース別回答例①「毎週日曜日、欠かさず走り込んでいます」
ケース別回答例②「心身ともに充実しており、すこぶる健康です！」

5-13 お子さんが小さいようですが、病気のときはどうしますか？……138
◇緊急時の対応について明確にすること
◇30代・40代回答のポイントは？
ケース別回答例①「近くに住む両親にも、協力をお願いします」
ケース別回答例②「妻が専業主婦のため、問題無いと思います」

5-14 当社でやって行くのは、あなたでは難しいのではないですか？……140
◇圧迫質問もポジティブに捉えること
◇30代・40代回答のポイントは？
ケース別回答例①「中小企業だからこそ鍛えられるスキルというものがあると思います」
ケース別回答例②「情報収集とトレーニングで力を維持しました」

第6章 あなたの「実績」もしくは「売り」は？【職種別の傾向と対策】

6-1 人事・人材開発系は専門分野を明確にすること …… 144
◆人事・人材開発系の基本的な視点
◆30代・40代回答のポイントは？
ケース別回答例① 「評価制度の見直しで社員のモチベーションを高めました」
ケース別回答例② 「社内研修を工夫しながら実施してきました」

6-2 経理事務系は専門知識と実務経験で …… 146
◆経理事務系の基本的な視点
◆30代・40代回答のポイントは？
ケース別回答例① 「管理会計的な視点からも業務を行うよう心がけました」
ケース別回答例② 「他部署の者に対して、経理業務についての講義を開きました」

6-3 総務・広報系は業務範囲を明確に …… 148
◆総務・広報系の基本的な視点
◆30代・40代回答のポイントは？
ケース別回答例① 「総務は、会社全体を盛り上げるべき立場でもあります」
ケース別回答例② 「イメージ作りを重視し、同時に部下の指導にもあたってきました」

6-4 企画・マーケティング系は情報と広い視野が決め手 …… 150
◆企画・マーケティング系の基本的な視点

◆30代・40代回答のポイントは？
ケース別回答例① 「メンバーの自由な発想を起点とした商品企画を心がけておりました」
ケース別回答例② 「ＢＲＩＣＳの台頭と購買力には早くから注目いたしました」

6-5 サービス・販売系は店づくりの実績を……152
◆サービス・販売系の基本的な視点
◆30代・40代回答のポイントは？
ケース別回答例① 「創意工夫で新しいサービスを考案し、結果にも結びつきました」
ケース別回答例② 「お客様の立場に立った店舗運営を心がけています」

6-6 営業系は業界知識と実績を裏付ける数字で勝負……154
◆営業系の基本的な視点
◆30代・40代回答のポイントは？
ケース別回答例① 「お客様の年代に合わせた戦略を常に心がけておりました」
ケース別回答例② 「ニッチ商品に関する知識には、かなり自信があります」

6-7 マスコミ系は媒体と顧客の特質にマッチした提案を……156
◆マスコミ系の基本的な視点
◆30代・40代回答のポイントは？
ケース別回答例① 「対象を絞り込んだ効果的な広告を打てるかどうかがポイントです」
ケース別回答例② 「３Ｄ映像革命の一役を担えたらと思っています」

6-8 金融系はどの分野のスペシャリストなのかを明確に……158
◆金融系の基本的な視点

◆30代・40代回答のポイントは？
ケース別回答例① 「この年齢で、30名の部下を持つマネジャー職に就いております」
ケース別回答例② 「一貫して中小企業への営業を担当してきました」

6-9 スペシャリスト系は経験・自己研鑽意欲・情報発信力が大事 …… 160
◆スペシャリスト系の基本的な視点
◆30代・40代回答のポイントは？
ケース別回答例① 「理想的なチーム運営に近づけたのではないかと思っております」
ケース別回答例② 「人と人のコミュニケーションが大切です」

6-10 技術開発系はスキルと統括力で …… 162
◆技術系の基本的な視点
◆30代・40代回答のポイントは？
ケース別回答例① 「「皆で燃える！」というモットーを浸透させてきました」
ケース別回答例② 「複数の人間の異なる視点と発想が不可欠です」

6-11 IT・通信系はスキルと幅広い業務知識で …… 164
◆IT・通信系の基本的な視点
◆30代・40代回答のポイントは？
ケース別回答例① 「幅広いシステムの構築経験が私の財産です」
ケース別回答例② 「低コスト・高信頼性・業務の効率化において、高い評価をうけました」

監修者あとがき …… 166
著者&監修団体の紹介 …… 167

Prologue

超氷河期の転職市場
30代・40代に転職は可能なのか?

相変わらず厳しい雇用情勢　～転職市場は増加するのか～

土曜日も求職者であふれるハローワークでは、あまりの忙しさにハローワーク職員がうつ病になる、などという事態まで生じています。そして、求職者を紹介すれども、ほとんど書類選考で落ちてしまい、面接までこぎつけても何社も不合格という状況なのです。新卒、若年層はもとより、30代40代はさらに苦戦しており、まさに超氷河期の転職市場だと言えるでしょう。しかも、この状況は、今後もしばらくは続くと予測されます。

しかし、今後の見通しという点では、主要人材ビジネス業界のアンケートによると、昨年度に比べ「日本全体の雇用は横ばいが続くが、新卒採用は減少傾向、中途採用はやや増加の兆し」という結果が明らかになりました。その理由は、「企業の事業展開上、現状打破のためには、戦略上、有能な人材は不可欠。専門性・即戦力を必要とする」だということです。

この見通しを裏づけるように、平成22年1月の有効求人倍率は０・４６倍で、前月に比べて０・０３ポイント上昇しました。完全失業率も12月の５・２％から、１月は４・９％に減少しました。厚生労働省によれば、「雇用情勢は依然として厳しいものの、このところ持ち直しの動きがみられる」とされています。

一部企業では、雇用の維持も困難でありリストラが続く現状ですが、この機に有能な人材を採用したいとする企業も多く存在します。先のアンケートにもあったように、専門性にすぐれた即戦力が求められているのです。これは、30代40代の転職希望者にとって一筋の光だと言えるでしょう。そして今後、雇用情勢が少しでも改善されることで、この光の筋が太くなると考えられます。

より良い環境を求めての転職、あるいはやむを得ず転職を考えなければならない場合でも、ただやみくもに活動していては、成果は望めません。人材会社に紹介してもらっても、企業側にマッチした人材でなければ、何社受けても合格できません。

転職には、決して特効薬があるわけではありません。先を見据えた地道な努力あるのみなのです。

30代・40代の転職に求められること

即戦力となる中途採用は増加するとありましたが、30代前半、30代後半と40代に分けて、企業が求める基本的な能力を考えてみます。

●30代前半（30～34歳）

入社後の育成はもちろん考えているが、しかし「即戦力性」も兼ね備えていてほしい。そんな考えの企業が求める年代が、この層です。

20代とは一線を画した「マネジメント能力」「コミュニケーション能力」、そして同時に「若さ」も期待されることになります。

●30代後半

入社後に成長してもらうというより、これまでの実務での経験・実績を基準にして採否を決めます。特に、マネジメント能力は必須です。過去の経験に管理職経験があるかどうかがポイントとなります。

当然、組織としての課題解決能力が問われ、Q（品質）・C（コスト）・D（納期）に対する経営の基本的視点を持っているかも問われます。スペシャリストとして得意な専門分野が1つでもあり、マネージャの経験があると、転職に有利だと言えます。

●40代

30代に比べると、求人数が相対的に少ないのが現状で、今後も厳しくなるでしょう。

30代後半と同じ能力が求められますが、さらにより大きな部門での管理経験が求められます。経営の一角を担う経験があれば、更に良しです。

なお、場合によっては、過去の成功を捨てる必要もあります。経営環境が変化したために、過去の成功体験をそのまま活かすことが難しい場合です。成功体験にだけに縛られず、新たな挑戦をする姿勢が求められます。

いずれの階層にも共通する「求められる能力」は、マネジメント力だと言えます。すなわち、この年代での「即戦力」とは、専門分野も持ち、経営視点を持ったマネージャとしても行動できることを意味するのです。また、仮に新たな仕事でも、研鑽してその仕事で成果を出し続ける人材である必要もあります。

したがって、本書でも随所にマネジメントスキルや人材育成に関する回答例を多く入れました。20代転職者と差をつけることができるのは、まさにこの点にあります。何の大きな実績もなく、スキルが無いとしても組織の中で部下を使い、マネージャとしてまた自分自身もプレヤーとして働いたことは、転職先でも必ず活かせるはずです。

転職の壁と、それを乗り越える基本的な考え方

30代後半40代を「中高年」ととらえた場合、乗り越えるべき壁には次のようなものがあります。

① 年齢の壁

求人票に年齢不問とはありますが、実際には年齢制限している場合が多く、まず書類選考で落とされます。年齢を無視して合格する場合もまれにはありますが、応募数が多ければ、デジタル的に年齢を制限している可能性が高いでしょう。

② 給料の壁

「年齢に見合った、それなりに高い給料を払うメリットがある」ということを、企業に分からせることは非常に困難です。

③ 柔軟性の壁

10年以上働いていると、どうしてもプライドが高くなり、協調性も失われがちです。柔軟な姿勢を持っていることを、強くアピールする必要があります。

④ コミュニケーションの壁

「柔軟性の壁」に通じるものがありますが、やはり中高年は、新しい仲間とうまくやっていけないのではないかと懸念されてしまうことが多いです。

⑤ マネジメント力の壁

部下を育成し、組織全体の成長も促進できる即戦力性が必須です。

まとめると、30代40代転職の壁は、「報酬に見合った活躍を経営視点でできるか。そのための柔軟なコミュニケーション力とマネジメント力を備えているかどうか」という点だと言えるでしょう。

これらの壁を乗り越える基本的な思考は、「前向きな姿勢とプラス思考」です。さらに、物事を積極的に進める力でもあります。特に、30代40代は主体的に業務を遂行しなければなりません。そのためにも、この基本姿勢が重要なのです。

まずは、自分自身の分析を行うことが先決です。書類の作成でも前向き・プラス発想であることを理解してもらえるような準備が必要です。面接でも、その事前準備は同じです。紙に書いたこと以外は、面接本番で明確に言い切ることは難しいでしょう。細かい想定問答は不要ですが、自分自身の転職の筋書きを描いておき、事前に準備することが必要です。仕事で入念なプレゼンテーションの練習を積んでおけば、当日何があってもあわてず冷静に対処できるのと同じです。

面接では、準備した以外のことも聞かれると考えた方が良いでしょう。しかし、常に前向きにプラス思考で臨み、考える視点さえぶれなければ、合格点がもらえるのです。5つの壁に対する様々な課題も、前向きでプラス発想をこころがけていれば、安心して面接に臨めます。

転職活動をどう進めるのか

転職をすることとは、現在の状況に対して何らかの不平不満があるからでしょう。また、なんら不満が無くとも会社都合でやむを得ず転職せざるをえない場合もあるかもしれません。いずれの場合でも、転職する理由や目的を明確にしておくことが出発点となります。

次の項目に沿って、しっかりと準備しましょう。

- 転職理由を考える（不平不満の解決が可能？）
- 自己分析をする（自分は何？）
- 企業研究をする（相手は何？）
- 志望理由・将来設計・自己アピールを同時に考える（相思相愛か？）
- 書類（履歴書・職務経歴書・志望理由書）を作成する
- 面接対策（転職筋書き）を作成し、口頭練習をする

「大きな実績・特殊スキル・強力なコネ」、それらのいずれも無いからこそ、今までの仕事経験をふり返り、今後のキャリアプランを考える必要があります。「大きな実績を出せそう・役に立つスキルがありそう・今後役立つ人材だ」と企業に感じてもらう準備をすることこそが、転職活動なのです。

面接対策で人生を変えよう！

面接は「顔」で決まると言っても過言ではありません。

やる気がありそうだ。できそうだ。我が社でやってもらいたい。

面接官がそう感じてくれれば、合格に一歩も二歩も近づきます。特に、仕事経験の多い30代40代は、顔を見るだけでその能力がわかるとも言われています。繰り返しますが、面接での態度は「前向きに・プラス発想で・積極的に」。そのための準備は、「多面的に・慎重に・徹底的に」です。


本書には、面接官に「この人物に我が社でやってもらいたい！」と感じてもらうためのノウハウと、実際の面接の場での回答例を多数掲載しています。回答例はそのまま語ってもらっても良いように書いてありますが、その中にある面接の本質を理解していただき、十分な準備をしていただきたいと思います。面接も書類同様、しっかり準備し努力した者のみが勝てるのです。

ただ、書類の場合は十分な準備と推敲が可能であるのに対し、面接は事前準備通りにことが運ばないと考えた方が良いでしょう。

なお、合格の基盤が「健康」にあることは言うまでもありません。酒やタバコを嗜む習慣のある方は、合格までは禁酒禁煙で体調と気力を万全にすべきです。加えて、良い食事をとり早朝に起きるよう心がけましょう。例えば、早朝に15分でも速足で歩いてくると、それだけでなんとなく勝利がイメージできたりするものです。

このような日常の行動が、面接時の〝オーラ〟にもつながります。自身を〝合格する顔〟に変えるのです。面接は他人との競争ですが、その前に、まず自己との戦いに勝つことが大切なのです。

転職は、「天職」を探すことでもあります。そして、「天職」を見つけることができれば、間違いなく人生が変わります。

本書が、新たな人生の出発点にあなたが立つことに、少しでもお役に立てれば望外の幸せです。

＊プロローグに記載した数値は、厚生労働省並びに総務省の資料（２０１０年３月）と、日本人材ニュース（２０１０年１月）を参考としています。

第1章

30代・40代の転職面接で必ず押さえておくべきこと

1-1

20代の転職面接とは求められるものがこれだけ違う

Check!
30代40代が強く求められるのは「即戦力かどうか」です。しかし、この即戦力という言葉には、2つの意味があります。

◇20代の転職面接の場合

20代の転職面接では、学生時代の話を聞かれることもありますし、応募先への志望動機が最も重要なポイントとなります。つまり、専門性や前職での業務実績の重要度よりも、応募者の将来性を厳しく見られるわけです。ですので、前向きな姿勢をアピールできれば大きな武器になりますし、応募者が仮にどこかの有名なマニュアル本通りに語ったとしても、内容はともかく、成長の可能性を感じれば採用してしまう面接官もいるでしょう。なぜなら、前職での経験よりも、入社後にどのような経験を積ませるということが、応募者の将来性を大きく左右することになるからです。

◇30代・40代転職面接は即戦力性が求められる

「即戦力」という言葉の意味は、大きくわけて2つあると考えてください。1つは「特定の業務での実務実績が十分にあること」であり、もう1つは「経験の無い業務であっても、それまでに学んだ知識により主体的にこなせること」です。

例えば、経理部門から営業企画部門への転職を目指した応募者がいたとしましょう。彼は、ある自動車販売会社において、経理一筋で会社の決算数字をもとに改善提案を行った実績がありました。

経理部門の数字だけ見ていては、改善提案を行うことはできません。そこで彼は、営業現場に張り付きその中で営業部門と経理部門の橋渡しをする過程で、経理業務をやりつつも、営業改善のためのシステムの構築やコスト改善計画を遂行していたのです。

この経験は、「経験の無い業務であっても、それまでに学んだ知識により主体的にこなせること」をアピールするのに十分だと言えます。

◆向上心や柔軟性といった要素もポイントとなる

経理と営業企画では、全くの畑違いに思えるかもしれませんが、このような経験を積んでいれば、「経理の人が、営業企画なんてできるの？」という冷たい反応を取られることはありえないでしょう。なぜなら、「経験の無い業務であっても、それまでに学んだ知識により主体的にこなせること」というスキルを、十分に感じさせてくれるアピール内容であるからです。

要は、面接での判断規準になるのは「募集している業務において、すぐに成果を上げてくれるのか」という点だけではなく、過去の実績や経験に裏打ちされた向上心や柔軟性といった要素も含まれてくるのです。

さらに、「◎◎についての勉強をしている」といった話で、自己研鑽意識が高いということをアピールできれば、尚良しでしょう。特に40代は、向上心が薄いと思われがちなので、若者以上にアピールすべき要素だということを認識しておいてください。

図1-1　20代転職面接との違いは？

面接のポイント	20代の場合	30代・40代の場合
①資質 職務経歴書通りの実績や、自社で活躍できる能力があるのかどうか	・専門性より将来性が重視される ・実績よりも熱意、研鑽意欲が重視される	・即戦力を期待される ・高度な専門性が重視される ・同時に、専門性にとらわれない柔軟性、向上心も重視される ・職務経験の細かい中身やレベル、発想、提案の実績を問われる
②意欲 ・志望動機がしっかりしているのかどうか ・職務に対して熱意があるのかどうか	・どのような職務でもやる！という、積極性とプラス思考が重視される	・経営者の視点での動機を持っているかが重視される ・自己の行動が会社の利益に貢献できることを言い切れるか ・プラス思考も、20代同様重視される
③人柄 ・組織への適応力はあるのかどうか ・社風に合うのかどうか	・素直さ、協調性、積極性などが重視される	・育成・指導力・折衝力・業務遂行力などのマネジメント能力に優れているかどうか ・プラス思考に加え、多様性、計画性等の戦略的な思考の有無

1-2 面接官は応募者を主観的に判断する

◆面接のプロと、面接の素人

新卒を対象とした就職面接の場合、１次面接はプロの面接官、つまり外注のキャリアコンサルタントが担当する場合もあります。しかし、転職面接の場合は、ほぼ間違いなく現場の社員が面接を行うことになるでしょう。これは裏を返すと「面接のプロではない者が面接を行う」とも言えるわけです。

面接の素人であれば、合否の判断規準は「エラーの要因込み（図参照）」となるのが普通です。だからこそ、戦略的に「好感をもたれるような行動・言動」を心がけるべきであり、そこでの計算が、20代の応募者に勝てるかどうかのポイントとなります。

◆30代・40代を見る面接官の実態

30代40代の転職面接の場合、１次面接から現場のマネージャクラスが出てくるケースが珍しくありません。そこで大切なのは、「現場のリーダーとはいえ、主観的に判断してしまいがち」という事実。しかし、仕事をともにする直属の部下を選ぶわけですから、主観で選ぶのも仕方がないことだと言えるでしょう。

つまり、現場のマネージャクラスであっても「面接の素人がわずか１時間程度で、一緒に働きたいか、自分の部下として活躍できそうか、さらに言えば、好きか嫌いかといった観点で選ぶ」わけです。しかも、20代の応募者をチェックするときよりも、格段に厳しい基準となることが大半なわけですから、30代40代の転職がいかに厳しいものか、ご理解いただけるかと思います。

Check!
合否は、公平な基準のもとで決定されるのではなく、面接官の主観的な基準で決まると割り切っておくべきでしょう。

◆最低限の対策は？

30代40代だからこそ、ビジネスマナーは極めて重要です。マナーについては、20代の数倍は厳しく見られていると思ってください。ここがクリアできなければ間違いなくNGになります。

面接管は、第一印象でその人物像を想像し、その予想と実際が合っているかを質問で検証します。そして、3分以内で人物像を描いてしまいます。10％の面接官は一言も話さずに瞬時に判断したあと、検証するというデータもあるくらいです。

特に、30代40代に見られがちなNGなふるまいは「横柄な態度」「回答が理屈っぽくて長い」「好感の持てるアイコンタクトが無い」の3つです。前職で役職に就いていた人は、知らず知らずに「客観的に見ると横柄だと言える態度」を無意識にとってしまいがち。これは、アイコンタクトにも通じることです。また、理屈っぽいだけで長い回答は、効率性と相反するイメージを抱かれます。

図1-2　面接官の判断エラーの例とその対処法

面接官のエラー要因の種類

①ハロー効果：何か一つ良いことがあると他のことも良く見えてしまうこと。逆に何か一悪いと、何もかも悪くみえてしまう。

②イメージ評価：先入観で評価してしまう。有名校出身だから知識があるだろう。元気はつらつだから行動力があるはずだ。だらしない態度の者は規律を守らない。

③寛大化傾向：すこし印象が良いと、高い評価をつけてしまう。結果として、応募者の差別化が困難になる。

応募者はどうすればいいのか？

①②③に対しては、清潔な身なり、元気な態度、積極的な姿勢、礼儀正しい態度、大きな声、さわやかな笑顔、溌剌とした態度などで、第一印象を演出すること。

【面接官が持っている先入観の例】
- ・話し方が歯切れよく明確⇒聡明で表現力がある人
- ・質問に対して明確な回答⇒理解力がある聡明な人
- ・即応答⇒臨機応変に対応できる人
- ・よく質問を聞く、人の話を聞く⇒協調性のある人
- ・礼儀正しい⇒常識がある人、几帳面な人

面接官のエラー要因の種類

④中心化傾向：自分の評価に自信が持てず、普通という評価にしてしまう。

⑤極端化傾向：少し良いと最上位の評価をし、不十分だと最下位という極端な評価をしてしまう。

⑥論理誤差：例えば「研修受講が豊富」という事実を、積極的と理屈をつけ誤った評価をしてしまう。

応募者はどうすればいいのか？

④と⑤に対しては、多対1の面接の場合、いち早く面接官の中の上位者を見抜き、その者が好みそうな回答を心がけること。下位者は中心化傾向が多く、上位者の顔色をうかがっている場合がある。

⑥に対しては、大きな声、元気な態度で「積極的で仕事ができる人物」と思いこませる。

1 3

即戦力・育成力・経営視点を持った戦略性

Check!
20代の応募者との比較で、30代40代の方が「買いだ！」と思ってもらうには3つの要素が必要となります。

◇30代・40代に期待される3つの要素とは？

30代40代であれば即戦力性が求められるということは、先にお伝えしたとおりです。しかし、もっと厳しく言えば「即戦略性」だけでは物足りません。

面接官が、30代40代の応募者に期待する要素は、

・即戦力
・育成力
・経営視点を持った戦略性

この3つなのです。これらが揃っていて初めて、20代の応募者よりも「買いだ！」と思ってもらえる可能性が出てきます。

◇育成力には部下育成と組織指導の両面がある

部下の育成・指導は、30代40代の応募者であれば間違いなく期待される能力です。しかし、ここで言う育成・指導とは、単なる垂範や的確な指示命令を出すことではありません。部下の話を傾聴し、部下の考えを尊重したり、考えを広げることで、部下の自律を促進する力が重視されます。部下のパフォーマンスを引き出すことが、企業全体の業績向上に大きくかかわるからです。

◇常に経営者の視点を持つこと

会社の業績向上のために、自分の位置で何をすべきかについて、常に考えることが求められます。30代40代は、個人の業績ばかりを追い求めていれば良い年齢ではないのです。間違いなく、「会社経営の視点で」という要素が加わってくるということを自覚しておいてください。

図1-3 企業が欲しがらない中高年とは？

こんな中高年は採用されない！
以下のポイントは全年齢共通ですが、
特に30代40代の場合、一つでもあてはまれば致命的です
①
気力・体力とも
元気がない
②
新しいことに興味がなく、
想像力、好奇心がない
③
過去の職歴に固執し
考え方に柔軟性に欠ける
④
積極的に新技術に挑戦しない。
IT技術についてゆけない
⑤
前職の給与が自分の
能力と誤解している
⑥
人を動かす行動力がない。
発言だけ
⑦
問題解決が他責。問題の解決が
できず会社・社会の責任にする
部長
⑧
学歴・職歴：肩書きにこだわり
を持っている

1 4

不採用理由のトップ「やってやろうという気概が感じられない」

Check!

年齢が上がっていくにつれ、「熱い想い」を表現することが難しくなります。しかしそれは、大きなマイナスです。

◆不採用の理由のトップは？

企業が応募者を不採用とする理由でもっとも多いのは、「本当にやろうという気概が感じられない」だそうです。しかも、実際に質問をする前からそれがわかるというケースも2割程度あるというのです。

「やる気がある」「やってやろうという気概が感じられる」と思われるには、まずは見た目の問題があります。服装、髪型はもちろん、中高年になればなるほど、「姿勢」と「表情」が左右するでしょう。疲れた感じ、悪い意味で「達観した感じ、場慣れした感じ」は絶対にNGです。もちろん、見た目の問題は最低条件だということを理解しておいてください。メインが面接でのトーク内容だということは、言うまでもありません。

◆自分の言葉で具体的に話すこと

どんな人でも、自分が本当に力を注ぎ、自分としてよくやったということは、些細なことまでよく覚えています。だから、「自分としてよくやったこと」についての話は、主体的な行動力が感じられるのです。よって、やる気を感じてもらうためには、職務経歴書に書いた具体的な実績を見直しておき、自分の言葉でしっかりと伝えることが最大の対策でしょう。

例えば、ある製品を「納期通りに全く問題なく出荷しました」と言うよりは、「開発中はなかなか考えた通りに動きませんでしたし、動いても期待の性能が出ませんでした。しかし、ソフトウエア構造を一から見直し、性能を10％向上させ、コストも3分の1にしました。徹夜の連続で何とかスケジュールも守りました」と具体的に語る方が、納得性が増すわけです。

図1-4　不採用の理由は？

「本当にやろうとする気概が感じられない」

これが、もっとも多い不採用の理由

対応策 ➡ 具体的に自分が良くやった、
やりたいと思うことを自分の言葉で話すこと

その他のポイントは？（提出書類も含む）

◎職務経歴書に明らかに分かるうそが書いてある
◎面接中に携帯電話が鳴る
◎履歴書に誤字・脱字が多い
◎面接時に入退室のあいさつができない
◎面接で前社の悪口を言う
◎応募書類に書いてあることと面接での答が違う
◎転職回数が多く、理由が不明瞭
◎面接時の敬語の使い方が間違っている
◎履歴書の志望動機欄がどの会社にも通用する内容
◎面接で残業の有無をしつこく聞く
◎面接での話が長い

1　5

転職理由についてはしっかりと分析しておこう

◆転職理由の分析の必要性

「なぜ転職するのか?」は必ず聞かれる質問ですが、これには「積極的な転職理由」を答える必要があります。そしてもちろん、その「積極的な転職理由」に矛盾があってはいけません。つまり、偽りの転職理由を言って、それを悟られてしまったらもう終わりだということです。

但し、面接官は細かいチェックをして「嘘かどうか」の判断をしているわけではありません。面接のやりとりの中で、至極単純な論理の整合性を観ているだけなのです。よって、著者は「嘘は全く駄目」と言うつもりはありません。全てをありの儘に話すよりも、意図的な誇張による演出は必要悪だと思います。０を１００として言うのは問題がありますが、50を70として言うことは、覚えておかねばならないテクニックだと言えるでしょう。

但し、自身の転職理由についてはしっかりと事前分析を行っておかないと、嘘をつくつもりがなくても面接官から見ると「なんとなく嘘くさい」と感じられてしまうこともあります。これは、絶対に避けねばなりません。

◆転職理由の分析と同時に志望の動機も考える

転職は、何らかの目的を達成するために行うことのはずです。そして、その目的とは「転職先の会社で実現させたいことは何か」を考えることから、導き出せるはずでしょう。

よって、その目的を達成させるための一貫した転職理由と志望動機を、固めておく必要があるわけです。

Check!

面接に臨むには3つの事前準備が必要です。それは、転職理由・志望動機・志望会社に必要な自己PR、です。まずは転職理由をしっかり分析しましょう。

例えば、現職が写真撮影の会社だとして、「写真現像会社の将来に不安がある」という理由からの転職だとしましょう。しかし、そのことを隠して「新たな会社で自分のキャリアをアップしたい」という、体裁を取り繕うためだけの偽りの志望動機を言ってしまっては、「その現像会社ではキャリアアップはできないのですか?」という返しに対応できないでしょう。かと言って、「最近会社の仕事も減ってきて先行き不安です。残業もなくなりローンも払わなければならないし、……」などと本音を言ってみたところで、面接官は助けてくれません。

面接官は、単に論理の一貫性を確認したいと思っているにすぎないのです。だからこそ、先に「嘘は全く駄目と言うつもりはない」と書いたわけです。

完全な嘘も、馬鹿正直も失敗のもと。あくまで一貫した目的のために、何をアピールし何を言えばいいのか。そのためには、転職の理由と志望動機を並行して考えておかねばなりません。

図1-5　転職のシナリオ

転職のシナリオは「転職理由」・「志望動機」・「自己分析」をもとに考えよう

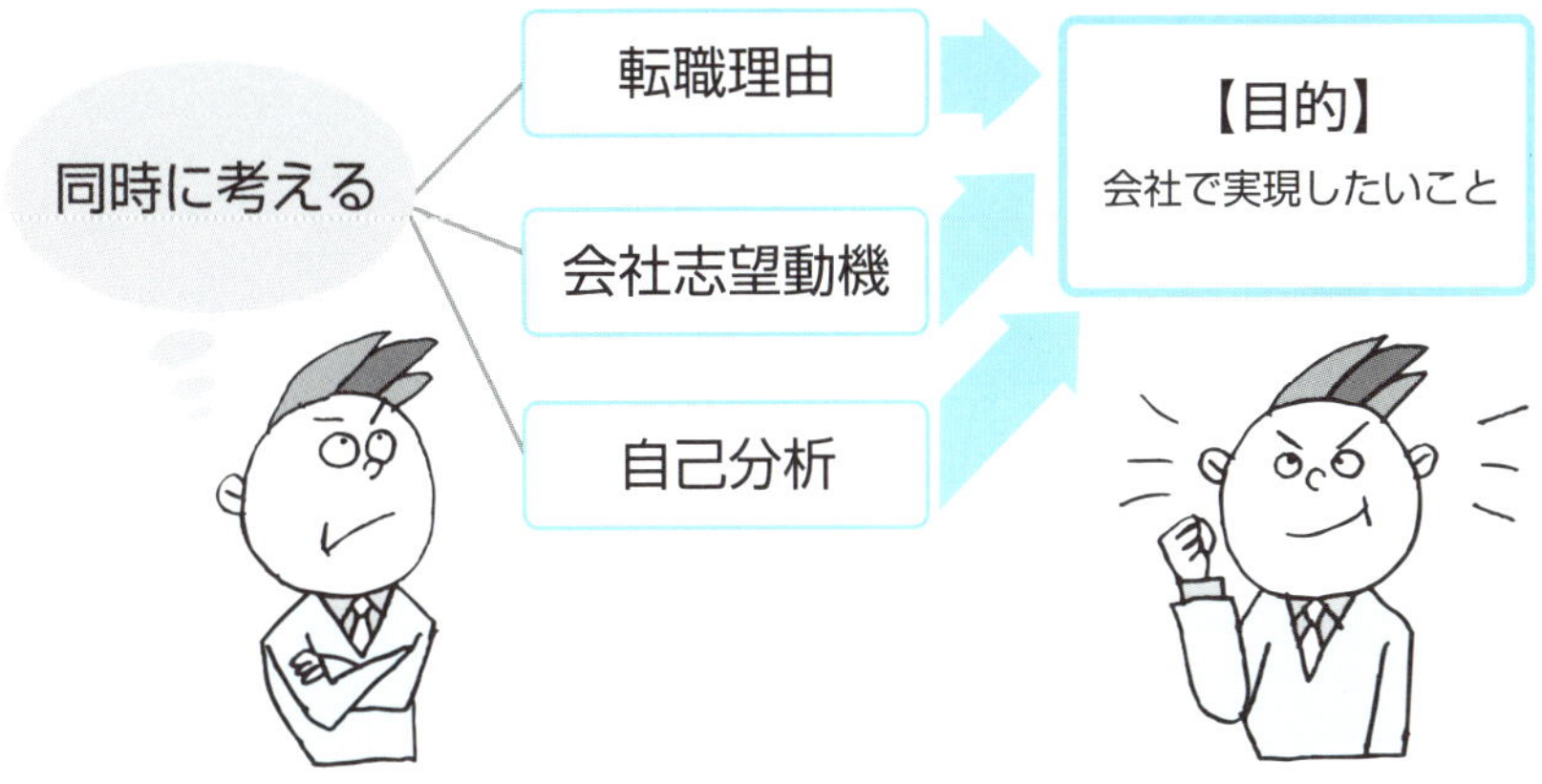

1-6

不平不満はポジティブ思考な自己PRへ変換しよう

Check!

現職（前職）についての不平不満は、必ずしも隠す必要はありません。しかし、言い方には工夫を凝らす必要があります。

◇不平不満については隠すべきなのか？

現職（前職）についての不平不満については、絶対に話してはいけない！

このような認識をしている方が多いかと思いますが、よく考えてみてください。現職に何らかの不満があるからこそ、転職活動をしているのではないでしょうか？　そして採用側も、何の不満もないのに転職を考えているなどとは思っていません。つまり、現職（前職）についての不平不満を、あえて隠す必要はないのです。

◇ポジティブ思考な自己PRへの変換

ここで注意すべきことは、不平不満について馬鹿正直に話すだけでは、不採用に直結してしまうということ。ポイントは、プラスの発想ができるかどうかです。不平不満は解消すべきであり、解消すべきことは「目的」と捉えましょう。そして、その目的を実現させるために、前向きな姿勢でどれだけ頑張るのか。それを、自己ＰＲへとつなげていくのです。

例えば「以前の会社では10年間経理をやり、すべてやりつくし感があった。残業だけ多くて、自分の成長も望めない。その割には給与も低い。しかも会社の業績も悪く将来が不安。現在の会社に感謝はしているが不満だ」が、転職の理由だとしましょう。まずはこれを「10年間経理一筋でやってきた。残業も多かったし、会社の業績の落ち込みも近年では激しい。しかしこの経験は、どの業界のどの会社でも、業績向上に役立つのではないか。そしてまだまだ、経理マンとしてやれることがあるのではないか」というポジティブ思考な自己ＰＲへ変換させるのです。

図1-6　不平不満の解消

不平不満
報酬が少ない
これ以上成長できない
会社の将来が不安
これが本音の
転職理由
ポジティブ思考な自己PRへ変換！
UP!
報酬を高くするように努力します
自分はもっと成長できます
FUTURE
会社にも自分にも未来があります！

1 7

求人票の情報からは何を読みとればいいのか？

Check!
企業研究の基本は、仕事の内容を徹底して調べること。求人票やホームページからの情報を元に全体像を推測し、そこで働くイメージを描き、自分がそこにマッチするのか考えます。

◆全体像の推測

求人票からは、様々な情報が読みとれます。そこで、応募先候補が複数ある場合は、求人票内の情報から、自分がその仕事にマッチするかどうかを考えてみてください。

仕事の内容や必要な経験・能力を、なぜそれが必要なのかを考え、その経験・能力を実際に使って業務を遂行する状況をイメージしましょう。そして、その業務を遂行するため必要な経験・能力とは何かを考えてみるのです。

◆求人票から考察できること

図に2パターンの求人票見本を載せておきました。これらを比べて、自分にマッチするのはどちらなのかについて考えてみましょう。

会社の事業内容は、①が不動産売買で②がシステム開発だと大まかに捉えます。次に仕事内容です。①の仕事の内容は、すべての経理関連の「実務」と記載されています。加えて、社会保険の実務とあります。一方、②には経理全般と管理とあり、社会保険実務とはありません。すなわちこれだけでも、「①は経理の細かいことも含め社会保険もすべて担当するようだ」「②は管理レベルが高そうだ」という予測が立つでしょう。

次に、必要な経験や資格等です。①はパソコンを使いこなせないとだめで、宅建なども必要とある。②は管理職経験3年と明記してある。すなわち、②の方がよりマネジメント能力が求められそうだと考えられます。同じ経理職でも、かなり業務イメージが異なる要件となっていることがわかるでしょう。

図1-7　2つの求人票見本

求人表　見本①

■事業内容
不動産売買・仲介及び管理

■職種
財務・経理管理職

■雇用形態
正社員

■産業
不動産業、物品賃貸業のうち建物売買業、土地売買業

■就業形態・雇用期間
一般　常雇　週休二日制　土日祝 毎週

■年齢
不問

■就業時間
1) 9:00～18:00　休憩時間 時間外

■賃金形態
月給制400,000円～ 500,000円

■就業場所
東京都●区　沿線 東京メトロ日比谷線

■従業員数
当事業所 11人(うち女性 2人)　企業全体 11人

■加入保険
定年制・再雇用　入居可能住宅　マイカー通勤
通勤手当　雇用　労災　健康　厚生　単身　無 / 世帯
無　実費(上限なし)

■採用人数
2人

■仕事の内容
1)月次・年次決算の経理実務
2)本支店関係経理実務
3)決算申告（国税・地方税）実務
4)決算対策（節税）実務
5)資金管理に伴う資金繰り等実務
6)金融機関借入交渉及び金融機関提出資料作成実務
7)労務管理、給与計算、社会保険資格取得喪失の実務
8)契約書等作成実務

■学歴
高卒以上

■必要な免許資格
ワード・エクセル・パワーポイント技能・会計ソフト、
給与ソフト、ネットバンキング技能

■必要な免許資格
・普通運転免許あれば尚可
・宅建取引主任資格あれば尚可

■求人条件にかかる特記事項

求人表　見本②

■事業内容
アプリケーション／ベーシックソフトウェア・ファームウェア・
ハードウェア・電子／論理回路の設計・開発、前述を含めた各産業
分野に対するシステムインテグレーションサービス

■職種
経理管理職

■雇用形態
正社員

■産業
情報通信業のうちソフトウェア業

■就業形態・雇用期間
一般 常雇　週休二 土日祝毎週　年間休日124日

■年齢
年齢制限理由　59歳以下　定年年齢を上限　定年制・再雇用

■就業時間
1) 9:00～17:45　休憩 時間外

■賃金形態
月給制 341,400円～457,500円

■就業場所
東京都●区

■従業員数
当事業所 66人(うち女性 30人)　企業全体 2,300人

■加入保険
雇用　労災　健康　厚生　財形

■採用人数
1人

■仕事の内容
経理全般の実施及び管理　財務諸表の作成　試算表の
作成　月次、年次等の決算業業　資金繰り、銀行折衝
その他、経理業務に付帯する業務

■学歴
大卒以上

■必要な経験等
管理職経験3年・業界経験あれば尚可

■必要な免許資格
資格不問

■求人条件にかかる特記事項
60歳未満の方を募集（定年が６０歳）

1 8

何が変わり、何が変わらないのか？

◆変わるものと変わらないもの

転職は、その言葉どおり「所属企業を変えること」ですが、その行為により

①完全に変わる、もしくは変える必要があるもの
②変わらずに、引き続き必要となるもの
③新たに必要となるもの

の3つが発生します。この3つのバランスがどうなるのか、それは自分にとって耐えうるものなのか、その点をよく考えてみる必要があります。

◆事前の自己分析がどれだけ重要なのか

例えば、少し特殊な例ですが、「ITベンダーの製品開発マネージャからITエンジニアの人材紹介会社ヘッドハンター」という、一見すると全く異なる仕事への転職を果たした42歳の男性の例を見てみましょう。

①については、異業種への転職ですから言うまでもないでしょう。②は「人とのコミュニケーション・マネジメント・交渉等の能力」でしょうか。そして③は、「個人個人との折衝で表面に現れない本質を見抜く力」というように考えられます。

この男性は、もともと対人スキルに優れている人だったので、②については自信を持っていました。よって、③についても大丈夫だろうと判断したわけです（結果的にもそうだったため、転職もうまくいきました）。

しかしこれが、「前職ではマネジャ職だったが、実は②の要素にはあまり自信がなかった。だから、③の要素についても…」という自己分析だった場合、この転職は前途多難だというわけです（たとえ、面接のテクニックで採用されたとしても）。

Check!

「変わるもの」「変わらないもの」「新たに必要となるもの」、この3つのバランスがどうなるのか、そこが重要です。

図1-8　何が変わり、何が変わらないのか？

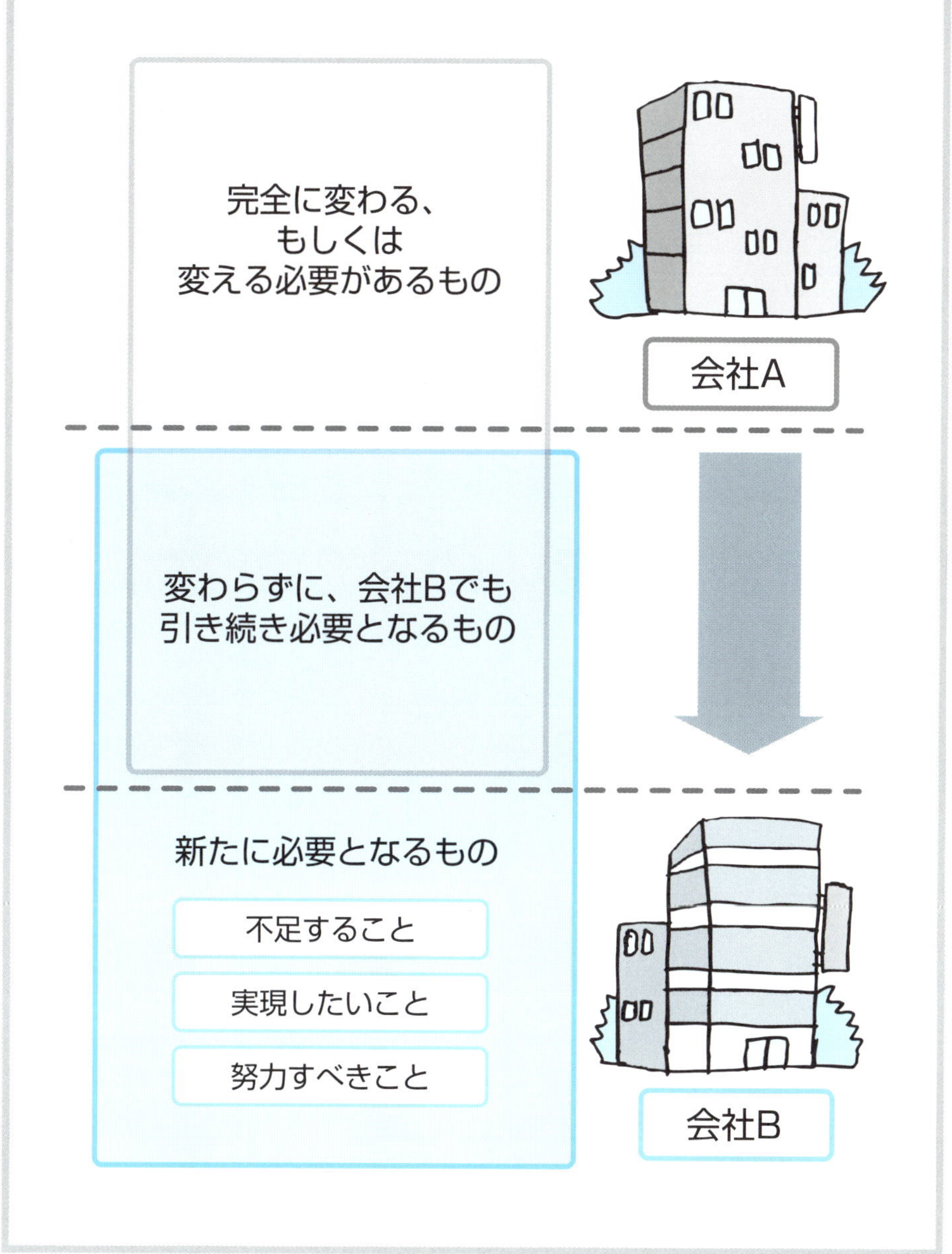

19 「できること」「やりたいこと」「合っていること」

Check!
志望動機・自己PRは「できること」「やりたいこと」「合っていること」の3点から考えていくことが大切です。

◆志望動機は「合っていること」を優先させない

志望動機と自己PRを考える時に重要な要素は、「できること」「やりたいこと」「合っていること」の3点です。「できること」「やりたいこと」は、自身の知識・経験・能力から総合的に考えるべきことで、これはそのまま自己PRにつながります。「やりたいこと」は、これから会社に入って実現したいことであり、「合っていること」は仕事内容・職場環境が自分に合っているかということです。これは、「やりたいこと」を考えるときの条件とも言えます。

つまり、志望動機は「やりたいこと」と「合っていること」の両面から考える必要があるのです。そして、まずは志望動機をしっかり固め、その後に志望動機の説得力を増すような自己PRを整理する、というのが正しい流れだと考えてください。

なお、志望動機を考える際の注意点は、「合っていること」を優先して考えないことです。あくまでも、やりたいことが先で環境は後。「合っていること」を志望動機のメインとすることは避けましょう。

◆自己PRは「できること」・「やりたいこと」で

自己PRは、「過去にできたこと」「今後もできること」から語り、それを基に「やりたいこと」につなげるという考えが大切です。よって、成果を上げるためにとった自分の行動のプロセスをできるだけ細かく思い出しておき、これを面接で利用します。

このように、転職を「できること」「やりたいこと」「合っていること」から考えていけば、「天職」を見つけられるかもしれません。転職が天職につながれば、その転職は成功だと言えるでしょう。

図1-9 天職（転職）は3×3で考える

	①過去	②現在	③未来
①「できるか」 ⇔ 自己PR	できた	できる	できる
②「やりたいか」 ⇔志望動機	やりたかった	やりたい	やりたい
③「合っているか」：仕事内容・職場環境は適しているか			

転職（天職）は
「できるか」「やりたいか」「合っているか」
のANDで考える

1 10

応募先企業についての情報収集

Check!

中高年の転職では、年齢の壁を破るためにも選択の幅を広げることが必要です。業界と仕事の範囲を広げて情報を集めてください。

◇業界と仕事の幅を広げること

転職の際の、応募先企業についての情報収集の目的は、自分がこの企業を選んで本当に良いのかどうかを見極めることです。

「この会社では、自分のやりたいことができるのか」
「いままでの経験を活かせるのか」
「会社内の雰囲気が自分に合っているのか」
などなど。

様々な観点から、より具体的にその会社について調べることが必要です。

また、30代40代であれば、対象の業界や職種を広げることも大切です。例えば、10年間、経理一筋でやってきた人であれば、業界を問わず経理の仕事はできるでしょう。しかし、経理だけでなく、例えば経営企画など経理と直接関連する仕事にも範囲を広げることができれば、応募先候補の幅が大きく広がり、良い企業への採用確率も高まることでしょう。

◇迅速かつ効率的に

求人票はいつまでもありません。応募者が多数の場合や良い人材が決定すれば、即無くなります。要するに、早い者勝ち的な側面が確実にあるのです。

いかに迅速に、効率よく情報を収集するかが転職のポイントです。特に、30代40代の場合は、自分にフィットする求人だと思えたら、とにかくまずは応募しておくことをお勧めいたします。その後で、じっくりとその企業について調べれば良いのです。

◇30代40代ならではのやり方とは？

企業についての情報源ですが、一般的には図にあるとおりです。

特に⑤は、20代にはなかなか真似のできない、30代40代ならではのやり方だと言えるでしょう。また、採用確率も高いやり方です。採用率が高いのは、仲介に入っている友人、知人、親戚などが、求職者を保証しているからです。求職者と友人・知人と企業の3者が、既に信頼関係にある状態で、斡旋・紹介が進むからです。「仕事を口利きする」という転職活動は、細かな一連の作業も省いた、とてもシンプルな転職方法です。中高年はぜひ、人脈を活用してみてください。

さらに変化球ワザとして、「面接時に企業内を案内してもらう」という方法もあります。お願いしづらいかもしれませんが、面接時は、会社情報を得る絶好の機会だと思ってください。情報の数だけ、転職の成功に近づくといっても過言ではないのです。

図1-10　会社の情報源

情報源	活用法
① インターネット	各社のホームページで今後の事業展開や、力を入れていること、企業の売り上げや業績推移なども確認することができる。Webの充実度から会社の現状を判断すること。検索エンジンで製品・サービスも見ておく。同業他社についても調べておく。
② 活字媒体	新聞（＝WEBになっているものは検索に便利）・雑誌・四季報・日経会社情報（＝企業の特徴、従業員数、平均年齢、平均年収、財務状況、株価指数、採用枠、業績の推移などが事細かく記載）・会社案内など。
③ 人材紹介会社	求人票で気になる点があったら、人材紹介会社のコンサルタントに確認すること。コンサルタントは求人企業を訪問し、求人内容をヒアリングしている。求人内容、会社の特徴、売上推移、人員構成、給与水準、待遇などあらゆる情報を収集しているはず。
④ ハローワーク等	ハローワーク・人材銀行、商工会議所、経営者協会、一部市役所など。ハローワークインターネットサービスを利用すれば、ハローワークに行かなくとも情報は調べられる。ただし、応募に紹介状が必要な場合はハローワークに出向く必要がある。
⑤ 人的ネットワーク	その業界で働く知人などから情報を得る。また、取引先や協力会社などで働く人からも有益な情報を得られる場合あり。その企業の内情を知りたい場合は、直接人と会うのが一番の方法。中高年にとって、人脈が最も効率が良い転職手段。

1 11

面接で話すことの筋書きは事前に書いておこう

Check!

「新卒じゃないんだから、トーク原稿を作っておくなんてばからしい。アフレコで行けるよ！」と考えるのは、大きな間違いです。

◆「下書きは恥ずかしいもの」ではない

結婚式のスピーチで直属の部下の主賓としてスピーチをしたとしましょう。普段よく知っているからと話の筋を紙に書かずに臨んだ場合、緊張して恐ろしく長いスピーチなってしまう場合があります。内容にスパイスが効いておらず、美辞麗句を並べただけになってしまうのです。これでは、出席者を感動させることはできません。しっかりと話の筋を書いておけば、当日の状況で多少の変更や追加をしても、皆の心に響く良いスピーチを披露することができるというわけです。

◆原稿を作り予行練習を行っておくこと

準備した転職理由・志望理由・自己PRを紙に書き、読み込んでおくことが面接成功の秘訣です。

書いたものを一つ一つ自問自答してみましょう。「経営者の視点からの回答になっているか」「自分視点になっていないか」「具体性があるか」「わかりやすい理由が述べてあるか」などなど。

例えば、「営業での経験から高いコミュニケーション力があります」などと安易に言ってはいけません。職種によって、求めるコミュニケーション力の内容が異なる場合があるからです。「顧客の話を傾聴する姿勢は従来通り生かしつつも、コンサルティング営業としては効率良くお客様の希望に合う提案をする必要があります。納得ある提案をするにはデータの収集分析を行い自分でよく考え抜くことを心がけています」などと、具体的な行動を語れているかどうか。これを事前にチェックするには、原稿を作り予行練習を行っておくことが一番なのです。

図1-11　転職の筋書きと事前練習

挨拶

自己紹介してください

・
・
・

序盤戦：
中高年こそビジネスマナーに注力

・糊の効いたワイシャツ・清潔なスーツ・ぴかぴかの靴で臨むこと！
・職務要約を300字以内の原稿にまとめ、簡潔明瞭に言い切る練習を繰り返し行っておく！

なぜ転職するのですか？

当社を志望理由は何ですか？

仕事でうまくいったことをお話ください

仕事に対する考え方は何ですか？

将来はどうなりたいのですか？

・
・
・

中盤戦：
中高年こそ真摯に謙虚にしかしきっぱりと

・職務経歴・転職理由・志望動機・自己PR・キャリアプラン等、十分な準備と練習！
・面接官の質問を目を見てしっかり聴くこと！
・仕事の実績を元に具体的な行動で語ること！
・前向きに・プラス発想で・積極的に語ること！

なにか質問はありますか？

ぜひお世話になりたいと思います。
宜しくお願いいたします。

終盤戦：
最後まで粘るべし

・十分な会社研究に裏付けされた質問を！
・本当にその仕事がしたいという熱意を伝えること！

1　12

30代・40代に対する圧迫面接の意図は？

Check!
人間の本質を見るという考えで圧迫面接が行われることがあります。圧迫面接の対応は傾聴の姿勢が有効です。

◆ストレス耐性を見ることが目的

圧迫面接はストレス耐性を見るために用いられます。否定的な質問、意地悪な質問、誤りの指摘、無反応等応募者にストレスを与えて、その精神的な強さを見るのです。ストレスがあった時の対応から、その人の本質を判断するわけです。圧迫面接には、若い応募者に対して行われるようなイメージがあるかもしれませんが、30代40代も例外ではありません。そして大事なことは、「その会社にとって必要な質問なんだ」と好意的に解釈することです。

◆「お礼」と「お詫び」を使い分ける

圧迫面接では、相手の出方によって「お礼を言う」「お詫びの言葉を言う」を使い分けましょう。こちらの間違いに対する指摘だと感じたら「ご指摘ありがとうございます」と返し、感情的な非難のような口調で責められたら「申し訳ございません」と返します。

そして、ここで重要なのは「謝るだけ」では済まさないということです。素直さで勝負できる若者ではないのですから、理論的に反撃する打たれ強さをアピールする必要があるのです。

◆傾聴スキルの有無が見られている

ところで、30代40代の応募者に対する圧迫面接には、「社内における部下との対話で、適切な傾聴姿勢をとることができるのか」を確認するためでもあります。難癖をつけるクレーマーに対抗する最良の方法はクレーマーの言いたいことをすべて吐き出させる「傾聴」姿勢ですが、部下育成の観点でも、まずはしっかり聴く姿勢が必要です。心地良いことを聞くのはたやすいですが、聴きたくないこともしっかり耳を傾けてその真意を見分けること。それが、リーダとしての重要なコミュニケーションスキルなのです。

◇差別に関する質問をする会社は即刻辞退すべき

差別につながる質問、例えば「本籍などに関する質問」「家族状況に関する質問」「家庭環境に関する質問」「思想、信教に関する質問」は禁止されています。これは、圧迫でなく就職差別となるため、厚生労働省の採用と人権に関するガイドラインにて禁止されているのです。

従って、これらに関する質問をする会社は、仮に採用されたとしても、入社しない方がいいでしょう。

もちろん同様に、応募者を人間として精神的、肉体的に侮辱する質問には、答える必要はありません。そのような会社は、こちらから断る気概で臨むべきです。

図1-12　圧迫面接例とその対応法について

圧迫面接例	対応法
否定的な態度、間違いへの指摘 ■「この仕事はあなたにはあまり向いていませんね」 ■「それは違いますね」	■ 否定されても反論せず「Yes！　But…」で対応する 「おっしゃるとおりです。しかし・・・という点も考えられます」 ■ 指摘されたら、まず素直にお礼を言う 言い訳しない 「ご指摘ありがとうございます。気をつけます」
無反応な態度、つまらなそうな態度、わざと表情を変えず冷やかな態度 ■「何が言いたいのか、よくわかりませんよ」 ■ 目を合わさず何も言わずに次の質問に移る	■ 気にせずしっかりと応答する ■つまらなそうな態度は演技だと考え、聞いてくれていると信じる ■相手の態度に合わせた応答は避ける
無理難題を言う、怒りだす ■「当社が倒産したらどうするんですか？」 ■「次世代の技術を考えて、説明してみてください」 ■ 何を言ってるかわからないと怒りだす	■ どう答えて良いかわからない質問には、素直に「申し訳ございません。わかりません」と答える ■ 怒った相手に対しムッとしたり、にらみつけたりしたら相手の思ツボ 「申し訳ございません。どこが不明でしょうかお聞かせください」と冷静に対応する

30代40代の転職

採用を勝ち取る!

面接テクニック

第2章

30代・40代の志望理由とキャリアのアピールはこうする！

2 1

30代・40代が言うべき志望理由とは？

Check!
志望理由で、単に「自分がやりたいこと」を述べていては、20代の応募者に勝つことはできません。

◆「何をやりたいか」が基本

志望理由を述べるときには、第1章の自己分析で検討した3つの要素である「何ができるか」「何をやりたいか」「自分に合っているか」の観点で考えます。このうち、最も重要な志望理由は「何をやりたいか」、すなわち転職して「実現したいこと」です。

少なくとも、「転職先の職場環境が良いから」とか「研修制度が整っているから」などということを、志望理由のトップに持ってきてはいけません。

◆30代・40代回答のポイントは？

「何をやりたいか」を言うときには、その企業に対してどのような貢献をしたいのかを、明確に語らなければなりません。単に自分がやりたいことを述べるのではなく、経営者の視点で述べることが重要です。

例えば、経理管理職を志望するときに「今までやってきた経理実務を活かして、御社ではさらに仕事の幅を広げたいと思います」程度のことを言っていては、30代40代としては失格です。「仕事の幅を広げたい」だけでは、会社側にとっての経営上の利点はありません。これは、手段と目的を間違えています。仕事の幅を広げることは手段であって、目的ではないのです。仕事の幅を広げてどのような貢献をしたいのか、これが言うべきことです。

例えば、「現在実務で必要な法律を勉強中ですが、これをベースに金融機関や監査法人との交渉もできるようにして、会社経営の改善に努めます。御社であれば、経理データとともに経営の改善提案を出し、経営の一角を担えるのではないかと考えます」等、会社本来の目的にあった回答を述べることが必須なのです。

ケース別回答例① 30代の場合

『将来を見据え経営の中枢を担える会社を志望』

(大手の系列会社から、独立系会社へ転職)

新卒入社から10年が経過し、現在は主任の立場で業務に当たっています。同期の中でも早いうちから後輩の指導立場に就かせて頂き、充実した環境にあると思います。しかし一方で、現在の会社は親会社からの出向が大半を占め、経営層はその人たちで占めている関係から、上の方たちを見ていると、プロパー社員の昇格が頭打ちになっている状態にあります。私は将来、会社の経営を担う立場で仕事をしたいと考えていることから、敢えて会社を変えて上層部へのチャレンジをしていきたいと思います。そのため、マネジメントの理解を加速させる意味で、休日を利用してMBAの取得に向け、経営セミナーに通っています。

One Point Advice

30代になってくると、それまでの昇格・昇進の状況から、自身の会社の中でのポジションが見えてくる時期です。将来像が見えてくると同時に、自身がどうありたいのか、本当に志望している姿が浮き彫りとなる頃でしょう。そのあたりの考え方をしっかりと示すことができたら、面接官には好印象を与えます。自身がどのようになっていきたいかの意気込みを真剣に伝えられるかどうかが、成功へのポイントとなるのです。

ケース別回答例② 40代の場合

『業界経験と広い人脈で次のステージへ』

(総合商社から、専門商社へ転職)

入社以来、今の会社一筋できており、現在は営業部長を担当しております。私の売りは、業界で培ってきた経験と広い人脈です。現在の仕事は活気があり、やる気を持って従事しております。直近でも、海外のレストランチェーンの受注に漕ぎつけました。お客様へのアプローチから始まり、海外業者へのネゴシエーション、誘致交渉に至るまで、積極的に参画し提案してきた成果だと考えております。
但し、既存の大規模組織だからこそなせる技の部分もあり、更なる自身の活性を求めたいと考え御社に志望いたしました。新進気鋭の御社の動きには近年注目を惹くところがあり、また海外進出にあたりまして、必ずや自身の経験と人脈で御社を成功に導くことができるとの思いで、今回の転職を決意いたしました。

One Point Advice

40代の転職は、それまでの業界経験、マネジメント力、人脈力を武器とすべきです。自身の企業で養ってきた財産をフル活用しての転職が、功を奏することになります。また、40代ともなれば人生の中盤に差しかかる時期でもあり、新しいことへの挑戦が億劫になりがちな傾向にありますが、ここで奮起して、これまでの棚卸しをきっちりと行い、再度自身の将来設計を綿密かつ大胆に描きましょう。その信念をもって面接に当たることが肝要です。使い慣れた剣のような手腕が求められる年代なのです。

2-2

30代・40代がキャリアを正しくアピールするためには？

◆未来に何ができるのか

自己のキャリアをアピールするときに、過去の実績をとうとうと述べる方がいますが、これは大きな間違いです。実績は重要ですが、これは「過去にできた」ことにすぎず、そこから「未来に何ができるのか」という可能性もアピールせねばなりません。

◆30代・40代回答のポイントは？

「未来に何ができるのか」をアピールするには、過去にできたことの「具体的なプロセス」について分かりやすく説明することです。抽象的な言葉では意味がありません。「コミュニケーション能力があります」「粘り強く業務を遂行します」「相手の話を傾聴できます」、すべてが重要な能力ですが、これでは何ができそうなのかまでは伝わりません。これらの能力があることを示す具体的な行動・プロセスについて話すことで、未来に何ができそうかを想像させるのです。

例えば、キャリアアピールの際に「他社との価格交渉をするときは、相手の会社の言い分を十分聞いたうえで交渉することが重要である」ということを伝えたいとしましょう。その場合、「高いコミュニケーション能力を活かして交渉しました」では何も伝わりません。これに対して、「相手の話を聞くときには、体ごと相手に向きなおり、しっかりと眼を見て聴きました。相手の話を否定せずじっくり聞いてから、理由を明確にして話すことで価格の交渉を打開したのです。これらのスキルは今後、より高いレベルの交渉や部下を育成する時にも活かせると考えます」などと言えば、「未来にできること」を想像させることができるでしょう。

Check！

キャリアを売り込む有効な方法は、「過去にできたこと」を元にして「未来に何ができるのか」につなげることです。

ケース別回答例①

『得意とする上流の業務に専念することで、更なる成果を目指します』

（大手ITシステム会社から、ITコンサルティング会社へ転職）

入社以来、金融・官公庁関連のシステム企画・開発・システム管理に携わってきましたが、今後は大規模・セキュアなシステム構築経験を活かして、よりお客様へ貢献できるシステムコンサルの仕事をやってみたいと考えています。もともと、お客様へのご提案の際の、要求要件の的確な把握や改善点の提案等は得意な方だと思っており、開発・システム管理への時間を費やすことより、得意とする上流の業務に専念し、成果をあげていきたいと考えております。6ヶ月前には自己投資でコンサルタント資格も取得し、現在の仕事でも習得したコンサル知識をフル活用して、より上流の経営的な視点を高めたご提案を実践し、お客様より高評価を頂いております。このスキルを、是非とも御社にお役立てしたいと考えております。

OnePointAdvice

30代、40代のシステム開発・システム管理者は世の中に多く存在しますが、コンサルティングに専門特化した職種となると、そのセンスが問われてきます。そのため、まずは専門特化したスキルを兼ね備えていることを伝えられるかどうかがポイントとなります。これまでのSE経験にプラスして、コンサルタント資格を自己投資で取得したこと、それを実践的に使って効果が顕れていることも実績として拾える部分ですので、十分にアピールにつながります。

ケース別回答例②

『プロジェクトのマネジメントが得意です』

（家電メーカーから、同業会社へ転職）

これまではお客様企業に対して、ハードウェアは勿論のこと、ソフトウェアの企画・設計・構築も経験して参りました。入社3年目から10名程度のチームを任せられ、現在では3チームのリーダをやっております。人・物・金・情報を最大限に活用し、品質（Quality）、価格（Cost）、納期（Delivery）を高めるためのマネジメントを得意としています。例えば、従来は納品までに10ヶ月程度かかっていたプロジェクトを任せられた際に、チームメンバーのスキルを掴みアサインを効率よく実施することで、7ヶ月程度に抑えることを実現しました。また、従来より処理速度が5倍の製品にバージョンアップを図ることで、ランニングコストの低減化も提案できました。このようなマネジメント視点は、御社でも必ず役立つと確信しております。

OnePointAdvice

30代、40代はリーダシップ・マネジメントのセンスが問われるため、そこにポイントを絞り、自身のことを売り込むことが大事です。メーカーですとテクニカル部分に興味が走りがちですが、ほんの若いうちからリーダシップを発揮できていることはポイントが高く、今後の会社幹部としての期待も十分に持てます。成果を数値化してはっきりと面接官に伝えることができることも、強みの一つとなります。また、QCD等の用語を織り交ぜながら話すことも、相手に簡潔に伝わるので大切な要素です。キーワードをしっかりと押さえて表現しましょう。

2 3

30代・40代に求められる「仕事に対する姿勢」とは？

Check!
抽象的な言葉では、仕事に対する姿勢をアピールすることはできません。具体的な事例を用いることが大切なのです。

◆「細部」について整理しておくこと

過去の実績や成功例を語る際には、その詳細なプロセスを伝えることで、面接官に対して強い印象を与えることができます。当事者でなければ語れない「細部」について、あらためて整理しておきましょう。

◆30代・40代回答のポイントは？

30代・40代の場合、「自らの意思で主体的に仕事をする姿勢」が強く期待されます。また、その根拠となる「前職での仕事ぶり」を面接官に対して語る際には、どこまで細かいプロセスを伝えられるかがポイントになります。そして、プロセスについて述べる際には、会社経営にかかわる何らかの要素、例えば「Q（品質）・C（コスト）・D（納期）」のどれかに絡めて話すと効果的です。

例えば、技術職のマネージャとしての採用面接で「エンジニアの人材育成」について聞かれたとき、「新人を厳しく指導し、その育成に努め業務も完遂しました」と言うだけでは、行動の主体性を強く感じさせることはできないでしょう。対して、「自ら考え行動できる人材の育成に努めました。例えば、何も知らない新人であっても、まずは設計する装置の定義から自分の頭で考えさせ、それに従って自ら設計し評価させるのです。そして、自分の考えが正しいかどうかまでを判断させます。具体的には、14名の新人を180日かけて、実際の製品開発を行いながら育成しました。現在そのメンバー達は、各部門のリーダに成長しつつあります」のように、その理由も含めた細かいプロセスを話すことで、面接官に「自らの意思で主体的に仕事をする姿勢」をアピールできるのです。

ケース別回答例① 30代の場合

『現場でのOJTでチーム力を向上させました』

(飲料メーカーから、同業他社へ転職)

前職では営業を担当しており、30人の部下を任されていました。私のチームは比較的若い社員が多かったので、毎朝のミーティングから始まり、とにかくお互いの情報交換をマメに行うことを心がけておりました。また、担当は大手スーパーマーケットと百貨店が主だったのですが、担当内を5つの小チームに分け、日替わりで各チームの営業に同行することで、お客様とのコミュニケーションについて現場実践的に指導しておりました。現場でのOJTを充実させることは、若いチーム力の底上げに直結いたします。そして、その結果として高い売上高をキープすることができ、社には大きく貢献できたと思います。もちろん、私自身もまだ30代ですので、チャレンジ精神とバイタリティーで、御社でもきっと活躍できると確信しております。

OnePointAdvice

30代と言っても、会社全体から見ればまだ若い部類に入ります。よって、管理職になっても現場に日々足を運び、陣頭指揮をとる立場です。回答例では、担当内を5チームに分け日替わりで同行し、徹底したOJTを実践したと話していますが、こういった話は、フットワークよく率先して動き回ることで若手の指導を行っている様子が明確に伝わるでしょう。また、その活動で高評価の数字を達成し会社に貢献していると言い切ることで、ますますポイントが上がるわけです。

ケース別回答例② 40代の場合

『職場に新風を吹き込みました』

(自動車会社人事部から、同業他社人事部へ転職)

現職では、5年前に人事部長に任命され、人事戦略の一切を任されてきました。現在は5,000人の社員が在籍しており、全体のCDPを管理しております。
まず管理職に対しては、毎年2割強を異動させるというシステムに変えました。これは、職場の活性化を図ることを目的としておりまして、人を入れ替えることによって職場に新風が吹き込み、環境の変化が良い緊張感を生み出してくれたようです。
一方、一般職に対しては、将来の自身の像が見えやすくなるキャリア・フレームを策定いたしました。横軸には専門分野を、縦軸にはレベルを表示し、「自分で取り組むバランスの良いスキル習得」に効果があったかと思います。
これらの経験を、御社の人事戦略にもぜひ活用させていただきたいと思います。

OnePointAdvice

40代ともなれば、かなり責任ある立場で仕事に従事しているはずです。つまり、豊富な経験と実行力次第では、大胆な組織改善も可能な年代だと見られているわけです。そこで、「現職(前職)では、どのように企画し、どのように実行し、どのような結果を出せたのか」について、具体例とともにアピールしてください。
この回答例では、人事部長という立場だからこそ実現できた「人事戦略による職場改革」の内容をアピールすることで、40代ならではの売りを強調することに成功しています。

30代40代の転職

面接テクニック

採用を勝ち取る!

第3章

必ず聞かれる質問
30代・40代に求められる回答は？

3 1

当社になぜ応募したのですか？

Check!
この問いは、志望動機を確認するための基本的な質問です。会社選択基準を明確に答えることが求められます。

◆なぜこの会社なのか？

同業他社と比べて、なぜその会社なのか。会社を選択した基準とその理由を明確に答えることが大切です。「新聞にSE募集とあったので応募いたしました」などという答えは、30代・40代の回答としては許されません。

◆30代・40代回答のポイントは？

会社選びの基本は、会社の情報収集です。応募する会社のことをよく知らなければ、志望理由を説明できません。この質問の本音は「当社について知っていることを言ってください」です。更に言えば、「当社を誉めてください」でもあるのです。

知らない会社を誉めることはできません。そして、誉めるところを見つけたら、それを会社選びの理由にすれば良いのです。

例えば、新製品やサービス、ビジョンなど、調べればすぐに分かることがあります。製品への興味や、自分が使った時の感想を述べても良いでしょう。店舗がある企業であれば、その店に足を運んでおき、店の雰囲気やそこで働く社員の活気など、具体的なことを話すことで意欲が伝わります。

そして、自分の経験が会社の利益につながることを具体的に述べてください。どの分野でどのぐらい貢献できるのかを、伝えることが大切です。

ポイントは、そのQ（品質）、C（コスト）、D（納期）で、具体的に貢献の度合いを語ること。すなわち、「高品質・高性能の製品やサービスを、低コストで、スケジュール通りにユーザーに提供できます」といった流れで話すことが重要なのです。

ケース別回答例①

『V字回復の経営手腕に感銘したからです』

（部品製造会社から、大手機械メーカーへ転職）

創業以来一代で業界の1位に躍り出て、現在の地位を継続している緻密な事業の推進に正直敬服しております。世界同時不況と言われ、どの企業も大打撃を受ける中にあり、急回復された経営者の先見性、指導力には大変感銘を受けました。
現職の会社は規模は大きくないのですが、部品製造会社としては、技巧技術で世界各国にも取引がありますので、決して競争力がないわけではありません。しかし、経済発展が著しい中国等に追随されることなり、厳しい経営になってしまいました。私としては、今後も自身の技術力を活かした仕事を続けたく、これまで培ってきた技術に益々磨きをかけることで、御社の更なる発展に寄与できるものと考え応募いたしました。

One Point Advice

30代、40代は会社人生活が長い分、世の中の動向が良く見えているはずです。よって、転職先の企業に応募する際にも、当然、世情を掴んだ上での会社選びになるでしょう。技術力に自信があれば、世界同時不況時にV字回復できる会社に、ズバリ応募すべきですし、今後の活躍も期待されます。また、自身の身を置く先の経営状況に関心があることは決して悪いことではなく、率直に魅力に感じていることを伝えることも大切です。

ケース別回答例②

『御社の製品作りの発想に惚れました』

（家電販売会社から、家電メーカーへ転職）

私は現在、家電販売会社の店長をしておりますが、実際に店頭の商品を見比べ、御社の製品が他社製品と比べ断然質が違うことに、いつも興味を持っておりました。販売する際にも商品の素晴らしさ、使い勝手の良さから、ついついお客様に御社の商品を勧めることも度々です。
先日、たまたま御社のホームページを拝見していたところ、マーケティング部門で求人されていることを知り、御社への転職を考え始めました。現在の販売店での仕事では、地域マーケティングのアンケートを実施し業績を高めた経験もあります。ぜひ、「惚れこんだ製品」の販売に携われることができたらと思っております。

One Point Advice

30代、40代は、製品の良し悪しも分かっている世代です。一流のモノに関しては興味も高いでしょうし、その仕事に携わることができたら、その後の人生の充実振りも変わってくるかもしれません。転職をするにあたり、数多くある商品を比較し、その会社の商品に惚れ込んでいることは働く上で重要な要素です。そのことをハッキリと面接官に伝えることで、関心の高さが評価されます。また、これまでの経験を活かしつつ、新しいフィールドでしっかり活躍していけそうなことも付け加えてください。

3 2

どうしてこの職種を希望したのですか？

Check!
これも、志望動機を聞く質問の1つです。その仕事に経験がある場合と無い場合とでは、アピールのポイントが異なります。

◆経験の無い職種の場合のアピール

経験がある場合は、前職・現職の経験を活かすためというアピールで良いでしょう。経験の無い場合は、「興味がある」「新たな挑戦」などは自分の気持ちとしては純粋な理由ですが、30代40代の志望動機にはなりません。例えば、その職種に活かせる切り札を持っている場合は、それを突破口にしてアピールします。資格や、似たような職種での経験や特殊な技術があれば、これを効果的に発揮するために転職するというアピールが有効となります。

◆30代・40代回答のポイントは？

経験のある職種の場合は、自分の経験を細部から具体的に語り、会社への利益貢献度を感じさせることが大切です。問題は経験の無い職種の場合でしょう。「興味がある」「挑戦したい」だけではダメで、仕事の内容をきちんと理解していないと、面接官に見透かされる恐れがあります。だから、自分の持っている知識や技術、経験を、その業務に関連付けて話すことが求められるのです。

更に、その職種に関連する勉強を開始していれば尚良しです。30代40代であっても、キャリア不足を補うために前向きに学習しようという姿勢は、必ず評価されます。

また、同じ職種でいかに経験があったとしても、転職先での業務がそのままの形で使えるとは限りません。そのため、会社側が求めているのは、どんな経験知識を持っているかだけでなく、どのようにして学んできたかという研鑽意欲と、知識を行動に結び付けられるだけの実行力の有無なのです。

ケース別回答例①

『前職のトレーナー経験を活かしたいからです』

（福祉系会社（地方勤務）から、福祉系会社（首都圏勤務）へ転職）

これまでは、地方に住んでいたため地方勤務でしたが、主人の転勤に伴い東京に引越してきたので、これまでの経験を活かしたいと考え御社の求人に応募しました。以前の会社では、福祉の現場仕事を7年間経験したあとに、トレーナーの業務に就いておりました。トレーナー暦は5年程です。人手不足の折から、毎月5名程度の新人が入ってくるなか、約1～2ヶ月で現場に出せるよう、教育カリキュラムを改良・改善し、実際の講師も実施してきました。また福祉の仕事は、結構ハードな業務であることから、実際は現場に行くと悩みも多く相談員としての役割もこなしてきました。これまでの経験を最大に発揮し、御社の人作りにお役立ちができるもとの考えております。

OnePointAdvice

30代、40代は、これまで蓄積してきた実績の積み重ねをより一層求められることになりますので、率直にそれを伝えることが肝要です。現場経験をしっかり積み上げ、指導する立場になっている時期ですから、その延長線上での転職は動機に説得力があります。仕事の難しさに対して、どのようなことを改善してきて、どのように対応できるのかを伝えることがポイントとなるでしょう。

ケース別回答例②

『子会社設立業務での経験を活かしたいからです』

（大手企業の総務部管理職から、中小企業の管理部門へ転職）

現職で管理部の課長職に就いていた際、子会社の設立業務の責任者を任されていた時期がありました。当初は、社員数5名からのスタートだったのですが、管理職は私一人でしたので、全てのスタッフの業務管理を行う必要があり、それこそ1日24時間、週7日体制で働き続けたことを覚えております。そして、設立から10年が経過した現在では、業績はしっかりと軌道に乗っておりまして、私は本社総務部で課長職を任されております。

子会社設立業務の経験は、自画自賛のようで恐縮ですが、私の管理能力を飛躍的に高めてくれたと自負しております。そして今後は、ぜひ御社の管理部にて、私の能力を活かしていきたいと考えております。

OnePointAdvice

30代、40代ともなれば、子会社の立ち上げに責任者として関わった経験を持っているケースもあるでしょう。そこで大事なことは、「何も無いところからスタートさせ、それを軌道に乗せる」という経験を積んだという事実です。中小企業の管理部門は「何でも屋」的なスキルを求められることが多いので、子会社設立業務での経験は、採用側からすると非常に魅力的に感じられます。幅広い知識、実行力、フットワークの軽さ、全てのスキルを同時にアピールすることができますので、自信を持ってPRしてください。

3-3

当社で何がしたいのですか？

Check！
募集要項に「営業」とあるからといって、「営業の仕事がしたい」とだけ言っても無意味です。具体的な業務内容を述べることが求められます。

◆具体的に答えることが大事

この質問に対しては、希望する部署や求人広告にある職種名で答えるだけでなく、仕事の内容や自分のできることは何かを、より具体的に説明するようにしてください。

「営業部を希望です」や「SE職に応募します」では、少なくとも30代40代の回答としては失格です。例えば営業職ならば、どの分野のどの商品をどのような顧客に売りたいのか、一歩踏み込んだアピールが求められているのです。また、仮にすぐ実現できそうにない夢のような話でも、実現までの筋道が納得性のあるものであれば評価されます。

◆30代・40代回答のポイントは？

採用側は、応募者の志向を事前に確認するため、そしてそれが、自社の業務の方向性と合致しているのかを見るために、この質問をします。

さらに、自社の業務について応募者がどれぐらい理解しているのかを確認するという意味もあり、認識が異なっている場合は早い段階でお互いが理解を求めることになります。したがって、応募者はこの質問に対しては臆することなく、堂々とできること、やりたいことを述べてください。過去の業務実績を具体的に語り、今後の希望業務についても過去の仕事との関連性や学習意欲を謙虚に語れば良いのです。なお、自分がその業務を希望する理由を明確に語るためには、自己分析をしっかりと行うことが重要です。

自分のできることは何か、自分のやりたいことは何か、そして自分に適していることは何なのか。きちんと自己分析を行っておいてください。

ケース別回答例①

『社会性の高い価値創出を実現してみたいからです』

（中小広告会社から、大手広告会社へ転職）

現在の会社には12年間在籍しており、広告の企画から製作までを担当しております。入社当時はデザイン担当でしたが、お客様の要望を掴むことが得意である点が評価され、企画部門へ異動しました。実績としては、私が担当した広告が、これまでに3回●●広告賞を受賞しておりまして、求心力の強さが世間的に認めていただけているのではないかと思っています。またお客様企業からも、良い評価をいただけていると自負しております。
今後も自身の実力に拍車をかけたいとの考えから、規模の大きな企業でより社会性の高い価値の創出ができる広告を手掛けていきたいと思い、御社を志望させていただきました。

OnePointAdvice

30代は、自身の得意分野が確立・開花する時期ですし、40代は円熟味が増してくる時期でしょう。自身の実力を広げていくには、それまでの実績を明確に伝えることができれば効果的です。回答例では、3回の広告賞受賞は立派な成績であり、またその評価が外部機関によるものであるため、自己評価と比較すると説得性が高いと言えます。
若いうちの転職では成しえなかったことでも、経験値から得られた大きな自信とともに、転職を確かなステップとすることが可能となります。力を蓄えてキャリアアップに繋げていきましょう。

ケース別回答例②

『マーケティングを徹底し客足増に繋げます』

（中小小売から、大手小売へ転職）

現在、郊外に小売店を30店程持つ企業の仕入部で、主任を任されております。
最近は郊外の量販店が増えてきており、客足の減少が懸念されています。そこで私は、地域の特産品、名産品を安価に提供するための、地元とのパイプ作りを徹底させることで、特徴のある店作りに注力いたしました。その結果、地域に密着した売りのスタイルが功を奏し、客足数、売上高ともに、4年連続で10%以上アップさせることに成功しております。
私は、常日頃から消費者の立場に立った商品のマーケティングを行い、お客様のご要望される商品を提供することを心掛けてきました。もちろん、それに伴い数字も上げております。御社においても、マーケティングを徹底し、創意工夫と実行力で客足増・売上増に貢献できるものと確信しております。

OnePointAdvice

小売は、「量販店の台頭」「深刻な不況」などの理由から、良くない状態が続いている業界です。よって、応募者に求められることは、即戦力であるかどうか。もっと詳しく言えば、「客足を増やしてくれるのか」「売上を増やしてくれるのか」の2点です。これらを、具体的な実績例を絡めてアピールすることができなければ、30代、40代の応募者が採られることはないでしょう。

3 4

当社のことはどの位ご存知ですか？

◆入社したければ会社の情報を調べるのは当然

この質問は、志望動機を聞くという目的だけではなく、応募者の情報収集能力を試そうという意図もあります。言うまでもなく、求人広告やホームページに書いてあることは、最低限の条件です。30代40代であれば、これまで積み上げた人脈や各種情報源を基に会社情報を得るという、若い層とは一味違うプラスαの情報収集能力が期待されるのです。

もちろん、「情報収集能力」とは単に情報を集めるということだけでなく、その情報を分析し活用する力までを含みます。

◆30代・40代回答のポイントは？

特に自分の行きたい会社に関しては、詳細に企業研究をする必要があり、同時に自己分析しておくことが必要です。すなわち、その企業の仕事は「何をするのか、誰に向かってするのか、どのようにするのか」を調査し、同時に、自分がそれを「できるか、やりたいことか、適しているか」を分析しておくのです。

この過程で、その会社の業務遂行に必要とされる専門性や、若年層に無い即戦力性が自身にあるのかを考えてみてください。それをきちんと伝えられるかどうかが、採用されるかどうかの別れ目になるでしょう。

また、収集した情報に対して、自己の経験知識を元に新たな視点を提案することで、更なるポイントを稼いでください。

Check!

公式な情報に加え、それ以上の情報を収集する能力を見られます。集めた情報をもとに、自然に志望動機に結び付けることが大切です。

ケース別回答例①

『実際に利用しており、利便性では群を抜いていると思います』

（通信サービス会社から、同業他社へ転職）


転職を考え始めたのは1年位前からです。現職はマネジャ職であり、同期と比較しても順調にキャリアアップしてきました。新しいもの、創造的なものを好むこともあり、現在は商品開発担当を任されております。

そんな中で、御社の、他社よりも抜きん出た携帯電話の新サービスの提供は目を見張るものがあると、常々感じておりました。他社研究という名目で、御社のサービスをウォッチし続けてきましたが、その利便性の高さ、メニューとユーザビリティを重視した造りは素晴らしく、感動すら覚えます。そんな思いが、いつの間にか「御社へ転職したい」という気持ちに変化していった次第です。

OnePointAdvice

30代、40代では、転職する先の会社について、表面的な要素以外でどれだけ知っているのかが重視されることになります。

若い時分の転職とは違い、何をしたいかが、何ができるのかが鮮明になってくる時期でもあり、また次の転職はないものと考えるべきです。だとすると、転職先の会社を熟知し、なおかつ、そこでどのような貢献ができるのかを、より明確に自身の中に描いてみましょう。転職は自己実現に繋げるべきものですから、自身が魅力的と感じる企業選択をすることが大切なのです。

ケース別回答例②

『セミナーでの事例発表より、これだと確信しました』

（家電メーカー人事部から、人材教育会社へ転職）


人事部で人材開発担当を任されている関係から、御社のことは何かと気になっていたのですが、半年前に人材教育セミナーに参加した時、初めて御社の人材教育コンサルの事例発表を直接聞くことができました。

人材教育はどこの会社でも、またどこの業種でも難しくなってきている昨今では、なかなか一般的な手法では効果が出せなくなってきているのが現実です。そんな中、御社の取り組みはお客様企業のアセスメントを徹底的に行い、社風やそこで働く人を熟知した上で、そこから人材育成のプログラムに繋げるというものでした。その手法と、また人材力を高めるための熱意がひしひしと伝わってきて、是非とも御社の業務の一端を担えたらと考え、応募させていただきました。

OnePointAdvice

30代、40代の転職は、自分のパワーを何処に注ぎ込むことができるかをよく考えて動いてください。

「天職」だと胸を張って言える転職先を模索し、決定していくには、自分の中でその企業とのマッチングを十分に行うべきです。

多くの企業では、セミナーやコンファレンスで宣伝がてら事業の紹介を行っていますので、ぜひ活用してください。「その会社のことをどの程度知っているのか」という問いに対する回答に、「実際にセミナー等に参加して見聞きしたこと」を盛り込むことは、非常に有効です。

3-5 なぜ前の会社を辞めたのですか？

◆積極的な退職理由を述べること

この質問に対してあいまいな答え方をすると、何か隠していることがあるのではないかと面接官に疑われてしまうので、要注意です。

実際の転職理由は、大きく2つに分けられます。消極的な理由と積極的な理由です。消極的理由は「職場の環境が合わなかった」や「職場の人間関係が悪かった」あるいは「やりがいのない仕事だった」等ですが、これらは勿論、禁句です。辞めた理由として話すべきは積極的理由。例えば、「新しくやりたいことを見つけた」や「今後はこういった仕事を遂行したい」といった前向きの理由です。

◆30代・40代回答のポイントは？

採用担当者にとっては、採用後に勤続が可能かどうかは極めて重要なポイントです。したがって、辞めた理由については神経を尖らせます。人間的なことが問題で解雇されたのではないかと、危惧します。

よって、応募者の答え方があいまいな場合は、大きな減点になります。たとえ人間関係で辞めたとしても、円満退社として前向きな理由を「考え出す」ことが大切です。志望動機につながる前向きな理由や、今度の職場で可能な仕事上の目標を理由にするのです。

不満の原因に関しては、どの会社でも同様な状況であるかもしれません。面接官が退職理由に疑問を持ったときには、なぜ当社ならば同じことが起きないのかを聞くことがあります。これに対しては、第1章で述べた「転職理由の筋書き」を検討しておくことが大切です。終始一貫した回答で、相手に疑問を持たせないようにしましょう。

Check!

転職面接では、必ず聞かれる質問です。採用後、勤続が可能かどうかを確認することが主目的ですので、あいまいな回答は厳禁です。

ケース別回答例①

『業績不振により日本から撤退したからです』

（外資系証券会社から、国内証券会社へ転職）

直近までは、外資系証券会社で営業部長を任されておりましたが、業績不振により会社が日本から撤退することが決まった関係で、転職を余儀なくされました。関連のバンクへの紹介もありましたが、18年間の証券の経験を今後とも活かしたいと思い、御社への法人営業部長職の求人に応募させていただいております。

これまで営業一筋できておりますが、初期の8年間は個人営業、その後の10年間は法人営業を経験しております。

私の最大の売りは、法人営業で築いてきたお客様企業のパイプと人脈です。また、個人主義が徹底された社風ではありましたが、部下の教育にも力を注ぎ、常に「個人成績」と「部全体としての成績」の両者を見据え、どちらでも胸を張れる数字を出し続けることができたと自負しております。

One Point Advice

企業側の事情による退職は、本人のモチベーションが下がっていないことをアピールできるかどうかがポイントになります。

回答例では「外資系企業の日本からの撤退」が理由となっていますが、理由についての説明はシンプルに済ませ、あとは「自分がどれだけ使える人材なのか」についてアピールしています。人脈は、30代40代には特に強く求められる要素ですので、売りのメインに据えるには最適でしょう。

ケース別回答例②

『45歳以上の転進退職制度で退職しました』

（システム開発会社から、同業他社へ転職）

不況のおり、45歳以上の管理者の転進退職制度で退職するに至りました。一時は残ることも考えましたが、あと15年間充実した仕事を全うするために、これもチャンスかと考え、思いきって転職に踏み切った次第です。

これまで数々のプロジェクトに関わり、PMを経験してきました。また3年前からは、22プロジェクトをマネジメントするPMOの立場として、またお客様企業のアカウント責任者として業務にあたってきました。

具体的には、お客様からの要望を確実に吸収し、プロジェクト間の調整を行い、プロジェクトのモニタリング､PM支援およびコンサルティング業務を行ってきましたが、私の最大の売りは、PM、PMOとして手掛けてきた数々のシステムが、スタート後も目立った障害もなく安定稼動してきた「品質の高さ」にあると自負しています。

One Point Advice

40代半ば以上の管理職であれば、不況の影響から、転進退職制度を適用されるケースは業界を問わずしてあり得ます。そのような時に備え、自身の売りを明確化しておきましょう。

例えばシステム開発においては、スタート後の安定稼動率の高さは、品質の高さとして評価されます。回答例では、そこをアピールすることで、自信の実績を効果的にアピールしているのです。

3 6

前の会社を辞めてから大分時間が経っているのはなぜですか？

Check!
退職後のブランクは、業務遂行能力の劣化を危惧されます。ブランク中もアクティブに活動していたことを伝えましょう。

◆面接官がブランクを嫌う理由

転職中の状況としては、「会社に在籍中」「以前の会社退職後ブランクが短い」「以前の会社退職後ブランクが長い」の3通りがあります。ブランクが長い場合は、その理由を明らかにしなければなりません。

特に、人事担当の面接官の場合は、ブランクについて必ず履歴書でチェックしています。なぜなら、ブランクによる業務の実務能力の低下を危惧しているからです。さらに、勤勉性も疑うようになります。

ここでのブランクとは、退職後3ヶ月が目安となります。ブランクが3ヶ月以上の場合は、何か信念を持って行動していたことを述べる必要があります。

◆30代・40代回答のポイントは？

現実には、就職活動をしていてもなかなか決まらないケースが多いかもしれませんが、「なにもせずに就職活動をしていました」とありのままを言うのは得策ではありません。また「充電する良い機会でした」というのも漠然としすぎています。例えば「新たな業界の勉強を開始し、現場で情報を集めていました」等、ブランク期間でも自己研鑽に励んでいたことを述べることが大切なのです。そして、結果としてブランクが長かったとしても、就業の意欲が感じられるように述べてください。

例えば「会社倒産後、すぐに就職活動を開始しましたが、希望の職種は求人が少なく狭き門だとわかりました。しかし好きな道なので、ネイティブレベルの英語力を目指して勉強を継続しました。おかげで、就職の希望職種の範囲を広げることができました」等、前向きな姿勢が必須なのです。

ケース別回答例①　30代の場合

『新たなスキルを得るために勉強しておりました』

（出版社から、WEB制作会社へ転職）

前職では出版社に10年間在籍し、主にビジネスパーソン向け実用書の企画と編集業務を行っておりました。退職時には部下が7名おりましたが、自身の仕事のノウハウについてはしっかりと教え伝え、円満に退職いたしました。
編集者時代、情報伝達のスピード感と量に対しては、出版ではなくWEBサイトの方が有効であると、常々、考えておりました。そこで、異業種ではありますが、コンテンツの考え方は活かせるとの思いから、御社への転職を決意した次第です。
しかし、なにぶんITに関する知識には不安がありましたので、退社後すぐにスクールに入り、6ヶ月間みっちりと専門知識を学んでおりました。前職で得た知識もあわせて、これからは御社に精一杯貢献していきたいと考えております。

One Point Advice

退職後、無駄に時間を過ごすことはご法度です。「何もしていなかった」では、話にならないでしょう。転職する先が異業種であれば、当然「新たな知識」を得ることが必要になります。在職中にも、土日にスクールへ行く方法もありますが、まとまった時間を要する知識習得が必要ならば、敢えて退職したのちにしっかりとモノにするという選択肢もあります。もちろん、知識だけではNGであり、自身の前向きな姿勢をきちんと示すことも忘れないでください。

ケース別回答例②　40代の場合

『介護で親の面倒をみるため、仕事を辞めておりました』

（生命保険会社から、同業他社へ転職）

3年前のことになりますが、父が認知症に掛かりました。初期の段階では生活に支障をきたすものではなかったのですが、徐々に症状が悪化したため、私が面倒を見ることになり、仕事との両立が困難だと判断し前職を退職しました。休職のことも考えましたが、何年くらい続くか見当が付かなかったので、一旦リタイアすることにしたのです。そして、その父も半年前に亡くなりまして。私としては社会復帰を目指し、今回の販売チーフの業務に応募させていただきました。辞める前には20年間におよぶ保険業務の経験があり、また販売部門でのリーダー経験もあります。何よりも、お客様開拓においては、私の担当する支店はいつもトップの成績をあげておりました。御社でも、必ず貢献できるかと思います。

One Point Advice

40代の転職は、30代よりも更に難しさが増してきます。また、両親の介護が現実味をおびてくる年代でもあるでしょうし、それが理由で一時期、仕事から離れざるをえなくなることも珍しい話ではありません。よって、「前職を辞めてからのブランク」の理由としては全く問題無いです。あとは、「前職で得た知識と売り」を正しくアピールできるかどうかで、合否が決まります。

3-7 前の会社の仕事について教えてください

◆なぜ前職についての質問をするのか?

職務経歴書に書いてあることをさらに聞くのには、以前の仕事と、今後の自社での仕事との関連をより詳細に確認することが主目的です。前職の経験の深さや実際の業務遂行状況について聞くことで、今後の仕事を遂行できるか等を確認しているわけです。さらに、面接官は応募者の話す内容と伝え方から、応募者が業務遂行に対してどのような考え方を持っているのかについても確認しようとしています。

◆30代・40代回答のポイントは?

全く異業種への転職だったとしても、前職で得た経験知識を具体的に話してください。その経験・知識を、どのようにしてどのぐらい身につけたのか、事実をもって伝えることがポイントです。

直近の業務について話すことが基本ですが、応募先の求める業務に関連した古い経験を話しても良いでしょう。また、具体的に語るとは、例えば「電子機器を販売していました」といった答え方でなく、「私は高い精度を必要とする測定機器を主として、電子機器開発メーカーと自動車メーカー向けに販売しており、月に平均３台を販売しました。これは全社の平均的販売台数が月０・５件の中での成績であり、約１５０社様の開発スケジュールの概要を聞き出すよう定期的に打ち合わせをお願いし実行することで、この数字をキープしておりました」等、事実に基づいた行動を語ってください。

もちろん、これらのことは職務経歴書にも書いておく必要があります。

Check!

この質問は、履歴書や職務経歴書に詳しく書いていたとしても、必ず聞かれます。成功体験を交え、具体的に語りましょう。

ケース別回答例①　30代の場合

『人材開発部での業務で、ヒトの教育の大切さを痛感いたしました』

（大手企業人材開発部から、人材ビジネス企業へ転職）

以前の会社では人事部に8年、人材開発部に7年所属し、人事制度全般の構築、新卒・中途社員採用や人材開発のしくみ構築、キャリアパス策定、研修ロードマップ策定などに携わってきました。約3,000人の社員の人事制度および体系を策定・運営したり、実際にローテーション等のしくみを充実させたり、育成カリキュラムの充実化を図ったりと、かなり幅広く関連業務を経験できたと自負しております。
それらの経験を通じて、私は「ヒトの教育」の大切さを実感することができました。また、その「教育」自体をもっと極めていきたいという思いが日に日に強まってきておりまして、この度、御社への転職を希望しております。

One Point Advice

この例では、15年間、3,000人もの社員の人事・人材開発を担当し、様々な創意工夫を実践してきたことで、30代ならではの「業務の幅の広さ」をアピールしています。そして、アグレッシブな仕事ぶりの中で「自身にとってやりたいことはこれだ！」ということに気付き、それが転職の志望動機へとつながる。この自然な流れは、面接官を納得させるに十分でしょう。

ケース別回答例②　40代の場合

『“趣きのある家を企画したい”という思いが強まりました』

（住宅メーカーから、同業他社へ転職）

これまでの25年間、戸建て住宅・マンション販売会社で商品企画の業務を行ってきました。地域性、家族構成、居住環境、エコ対応、価格帯など、様々な条件下での商品企画で、胸を張れる実績を残してきたと自負しております。
住宅環境は大きく変化してきています。これからは、もちろん様々な消費者に向け、あらゆる品揃えを実現させるという前提はありますが、そろそろ「赴きのある家」の企画も必要なのではないかと。そして、このような思いから業界を見渡してみると、御社の「他社とは一線を画した住宅へのこだわり」が、大きく訴えかけてくるのです。「温もりのある地球に優しい家作り」という御社の経営理念は、まさに私の理念と一致しています。私のこれまでの経験をフル回転させ、御社に少しでも貢献できたらと熱望しております。

One Point Advice

40代ともなれば、年輪の積み重ねとともに「職人の域に達する」気持ちが湧いてくることも多いでしょう。この年代ですから、熟慮した上での転職活動なんだということを、しっかりと伝えてください。単に「思いを実現させたいから転職する」ということではなく、「前職で実績をあげてきたからこその、転職の動機」をアピールすることが求められます。

3 8

前の会社での実績について教えてください

Check!
経験を積んだ中堅以上の応募者に、よく出される質問です。実績だけでなく、そのプロセスについても詳しく語ってください。

◆「実績」とは何なのか?

実績などと言われると、つい過去の自慢話に走ってしまう方がいますが、それは全くの見当はずれです。例えば、「必死に働き社内第一位の成績を取ったことがあり、売り上げを大幅に伸ばし、いち早く管理職になった」等、社内での職位昇格の過程を述べても、さほど評価されません。ここで言う「実績」とは、どのような目標や計画を立て、どのようなプロセスで達成したのかということです。このプロセス重視の考え方は、職種が変わろうとも通用します。

◆30代・40代回答のポイントは?

受注額や粗利などの、一時的な実績だけでは不十分であり、アピールすべきなのは「継続した実績」です。そして、その継続して実績を出し続けるためにとった方策を具体的に述べることが求められます。

特に、中高年ならば自分だけで行った仕事だけでなく、チームのリーダーとしてあげた実績も業績として語れなければなりません。例えば、次のようなアピールの仕方が有効なのです。

「お客さんへの製品売り込み時に、先方の担当者にプレゼンをするとします。私はこの手のプレゼンには、その製品の開発担当者も必ず参加させるようにしていました。専門知識に長けている者を同席させることで、決定の条件となるポイントに対する回答を的確、迅速に行うことができるからです。このやり方により、受注獲得率は格段に上がっています。また、開発部は地方にあったのですが、週に一回は必ず東京の本社に集まりミーティングを行うことで、営業と開発の意思の統一性を強化しておりました」。

ケース別回答例①　30代の場合

『創意工夫でスタッフのモチベーションを上げ続けました』

（外食チェーンから、同業他社へ転職）

以前従事していた外食チェーンでは、エリアマネジャーをやっておりましたが、全国で約650店舗のうち、私の受け持ちは多摩西地区の約20店舗でした。
エリアマネジャーの仕事は、それぞれの店舗の立地や客層、季節、客数や客単価などのあらゆる要素を分析し、各々の店長に売上を伸ばしてもらうよう、常に創意工夫を行い続けることです。
スタッフたちの頑張り次第で、売上は大きく変わります。そこで私は、週二回のモチベーションアップ会議や月二回の各種表彰制度、さらに、店舗毎のオリジナルメニューをスタッフから公募することで、とにかくスタッフのモチベーションを保つことに力を注ぎました。その結果、直近では売上高伸び率NO.1賞を、3年続けて受賞しております。

OnePointAdvice

回答例は、30代ならではの勢いを感じさせる内容になっていますが、勢いのみではなく、あらゆるデータを分析した結果なんだということを、きちんと伝えることが重要です。外食チェーンでは調理場・ホールなどの職場で様々な従業員が採用されていますが、彼らのモチベーションを向上させる施策を次々と打って結果を出したという事実は、面接官の関心を惹きつけるでしょう。そして、「売上高伸び率NO.1賞を3年続けて受賞」が、決め台詞となるのです。

ケース別回答例②　40代の場合

『徹底した品質管理で安全を提供してきました』

（食品加工会社から、同業他社へ転職）

これまでは、食品工場で品質管理の業務に携わってきました。早くから品質管理のマネジメントシステムに興味を持ちまして、いち早くISO9001・ISO14001の取得の推進に努めました。工場は全国で10拠点あったのですが、安全を図るためにオートメーション化を実現し、更に仕入れの際の安全基準の見直しを図ったりと、徹底した管理を行ってきたと自負しております。
御社は、今後は海外での工場展開に力を入れていくつもりだと伺っております。品質管理の基準は国ごとに異なりますので、より経験値の高いスタッフが必要になるかと。私が培ってきました品質管理のノウハウは、きっとお役に立てるかと思います。

OnePointAdvice

品質管理においては、昨今では環境問題も絡んできますので、ISO9001・ISO14001の両方のマネジメントシステムの取得はアピールポイントが高いでしょう。外部審査による評価に合格した証になりますので、紛れもなく実績としての成果となります。また、定期監査は内部統制に繋がりますので、ここもポイントとなります。特に、このケースのように、これから海外に向けて展開していくためには、40代の経験豊富な専門知識が必要なはず。実績をきちんとアピールできれば、大手への転職も狙えます。

3-9 前の会社で何か不満はありましたか？

◆「不満に対する愚痴」を聞きたいわけではない

倒産等が原因の転職の場合は別として、そうでなければ、転職者は必ず前職に対して何らかの不満を持っています。そして、採用担当者は「同じような不満を、自社でもすぐに持ち始めるのは?」ということを危惧しています。

しかし、不満はある意味「向上心の裏返し」とも言えます。要は、「不満に対して文句を言っているだけ」が悪いのであり、「不満を解決するために、何らかの努力を行っている＝前向きな姿勢」をアピールすることは、逆に評価されるポイントとなるわけです。

◆30代・40代回答のポイントは？

不平不満は「人間関係が原因」と「仕事が原因」に別れますが、前者についての不平不満は決して言ってはいけません。特に、30代40代は部下を持ちチームを率いることが期待されるわけで、人間関係の問題を抱えやすい人は採用候補から完全に外されてしまうのです。したがって、仮に人間関係が原因の不満があったとしても、「人間関係のトラブルはつき物ですから気にしていません。それが原因で会社を辞めようと思ったことはありません」という姿勢で行きましょう。

仕事関係の不満は、「前の会社では、やりたいことがどうしてもできなかった。だから転職するんだ」という展開に持っていきます。そして、「やりたいことを実現させるために、どんな努力をしていて、転職先では何ができると思うのか」について、具体的に語ることがポイントです。

Check!

転職者は、必ず前職に対し何らかの不満を持っています。ですが、単に不満を述べるだけは逆効果です。

ケース別回答例①　30代の場合

『不満はありませんが、さらに上を目指す意味で応募させていただきました』

（アパレル販売から、アパレルバイヤーへ転職）

これまでは、アパレル会社で販売の業務に10年間従事してきました。現在は、マネジャー職に就いております。売り場では、お客様に気持ちよく買い物をしていただくことが第一です。そこで、マナーをはじめとする接客スキルの指導は徹底して行ってきました。また、品揃えの点でも顧客動向を把握するために、お客様の声を直接お聞きし、その結果を直接バイヤーに反映するなどの取り組みを実施してきました。
そんな中で、更により良い商品をお売りするためにも、自らバイヤーの仕事をしてみたいという思いが募りまして、御社のバイヤー業務の募集に応募させていただいた次第です。

One Point Advice

「前職には不満があった」というたぐいのセリフは禁句です。現職に飽き足らず、その次のステージに臨みたい旨を表現してください。30代ですから、まだまだ上り坂です。これから一山も二山も登ることができる可能性を、しっかりとアピールしましょう。ただし、勢いだけをアピールするのは、20代の応募者がやること。30代であれば、「前職での実績」のアピールがあって初めて、「勢いの良さ」がセールスポイントとなるのです。

ケース別回答例②　40代の場合

『不満はありませんが、さらに業務の領域を広げたいと考えております』

（不動産会社の経理・総務部門から、同業他社の経営管理部門へ転職）

現職では経理10年、総務10年を経験してきました。自身としては、今後は経営全般に携わる経営管理的な職種への異動を希望しておるのですが、これまでの経験が重用され、現職では異動の夢がかないそうもありません。しかし、自己投資で中小企業診断士の資格も昨年取得したこともあって、経営管理業務に対する関心はますます高まってきております。
そこでこの度、御社の経営管理部門への転職を希望いたしました。経理、総務に比べますと、業務の幅は一層広くなるでしょう。また、実践の中で経営的なセンスを磨く必要も多分にあるかと思います。しかし、経理・総務業務で得た知識は、必ずや経営管理業務でも役に立つと確信しております。

One Point Advice

40代は、もっともアブラが乗っている時期だとも言えます。だからこそ、経営者に近いところで仕事をしてみたいという意欲が湧いてくる年代でもあるのです。経理、総務の経験は、会社全体を見回す上で有効な経験ですし、数値に強いことは非常に買いです。また、自己投資で中小企業診断士の資格を取得したことも意欲を感じる点であり、大きなアピールポイントになります。

3　10

前の会社での同僚や上司との関係はどうでしたか？

Check！
転職原因のトップは「人間関係」であり、特に上司との関係が多いでしょう。しかし、それをそのまま言ってはいけません。

◆人間関係を良好に保てる人なのか

採用側としては、「組織の人間関係を良好に保てる人」を採りたいと考えています。ですので、「転職理由が人間関係にある人＝自社でも同じ展開になる可能性が高いのでは？」と判断されてしまうのは、ある意味、当たり前のことだと言っていいでしょう。

よって、仮に転職理由が「人間関係」だったとしても、それをそのまま話してしまっては、採用を勝ち取ることはできません。

◆30代・40代回答のポイントは？

前職での上司との関係が良好であったのなら、何も問題はありません。例えば、『前職での上司は大変見識があり、適切な指導を受けられたことはもちろん、自分が成長する原点にもなりました。例えば、○○や▽△といった指導は、今でも私の、仕事における指針となっております』といった回答は、面接官に好印象を与えます。

では、「上司とは合わなかった。関係が悪かった」という場合は、どう答えれば良いのでしょうか？　もちろん、それをそのまま伝えることはNGです。

一つの選択肢として、「ポジティブな自己PRにつなげてしまう」というやり方があります。例えば、『上司とは意見が異なる場合もありましたが、業務への信念が強い方でしたので、納得のできる厳しさでした。むしろ私は、「上司を納得させるためには、どんなデータを揃えようか」ということを楽しむようにしておりましたし、その過程で新たなアイデアが出ることもありました』のような答え方です。

ケース別回答例①

『至って良好な関係でした』

（鉄鋼会社から、同業他社へ転職）

前職では、鉄鋼企業の橋梁本部で、主に技術職の責任者として従事してきました。
橋梁のプロジェクトとなるとどれも大掛かりであり、1つのプロジェクトで約3〜5年の歳月が掛かるのが通例です。そこで私は、構想段階から設計、着工、完成の段階まで、様々な人達と関わりながら技術系の責任者として、それぞれの工程で実施責任者との意見の擦り合わせを行ってきました。
特に、工事現場での監督は「百戦錬磨の猛者」みたいな方が多いのですが、私のモットーであります「不屈の精神で邁進する」という気持ちが伝わったのか、皆と強い信頼関係を築くことができたかと思います。これは、人間関係の構築において、私の大きな自信となっています。

OnePointAdvice

30代、40代は、現場責任者的なポジションに就いていることが多いでしょう。回答例では、橋梁の仕事における「技術者のリーダー」が登場していますが、技術者と言えども、様々なヒトと関わらなくてはなりません。技術的なことはもちろんエキスパートでしょうが、「ヒトを動かす」ことの力量が求められます。人間関係の構築力についてアピールすることは、そのまま「自身の人間的な厚み」を伝えることにつながります。30代、40代はリーダー的な役割を期待される年代ですから、より一層、重視されるということを認識しておいてください。

ケース別回答例②

『良き理解者であり、良きサポーターでした』

（ネット通販会社から、大手の同業他社へ転職）

以前の会社には、5年前の創業時からおりましたが、現在に至るまで、あっという間に成長してきました。社長は大変厳しく妥協を許さないタイプでしたが、大変尊敬できる人物でもありましたので、私は「良き理解者であり、良きサポーターでもある」という立場で、経営を軌道に乗せることに注力してきたつもりです。
創業3年目からは従業員数も増え、時には社長の方針に異を唱える者も出てきました。そんな時、私は「TOPの信念」を共有することにとにかく時間を掛け、納得のいくまで激論を交わし、その上で協力を得るというやり方を通してきました。その結果、しこりを残さず、会社を一枚岩の状態にすることができたと自負しております。
そしてこの経験は、御社の益々の発展にも必ず寄与できるものと確信しております。

OnePointAdvice

30代、40代ともなると、直接TOPの意見が降りてくるというケースも増えてくるでしょう。それをどのように受け止めて、咀嚼して、どのように下へ伝えることができるのか。そこに、その人の真価が問われるわけです。
ポイントは、「その役回りにやりがいを感じているかどうか」でしょう。全てが順風満帆にいくわけもありませんから、骨折りが必要です。「時間を掛け、納得のいくまで激論を交わすこと」で解決してきたことは納得感がありますので、そういった苦労話も、率直に面接官へ伝えてください。

3　11

あなたの特技（強み）を聞かせてください

◆「自己PRしてください」と同意

この質問の真意は「自己PRしてください」ということです。つまり、面接官は「あなたはどういうメリットを当社に与えてくれますか？」と聞いているのです。よって、精神論ではなく、具体的なスキルをアピールしてください。

◆30代・40代回答のポイントは？

特技とは「現職で発揮できているスキル」と考えて良いでしょう。「これと言って特技は無い」などと考えているようでは、話になりません。現職で手掛けている仕事の中で自信を持っているスキルについて、具体的に語ることが、この質問に対する回答になります。要は、応募先が求めているであろう知識や経験に則している形で、自身の業務遂行力や行動力をアピールすることが求められているのです。もちろん、業務上の実績を具体的に語ることがポイントになります。

人材育成、交渉力、情報の収集と分析といったものは、どの業界でも求めるスキルです。しかし、単に「後輩を育てました」や「情報分析力には自信があります」では、面接官には響きません。

例えば、人材育成について語りたいのであれば「新人の育成におけるポイントは、〝自分で考えさせること〟です。同じ仕様書を書かせるにしても、制作担当者と直接話をさせることで「その仕様書をもとに、製造の過程はいかに進んでいくのか」をリアルに想像させます。その上で、自身の仕様書を自身で評価させることで、実践的な業務遂行力を身につけさせたのです」といった具合です。

Check!

面接の後半でよく聞かれるこの質問は、「自己PRをしてください」の変形パターンだと考えてください。

ケース別回答例①

『部下の能力を引き出し、チーム力を高めることです』

（自動車会社から、同業他社へ転職）

現職では、新車種の開発部で18年間、経験を積んできました。
新車開発に求められるのは「画期的な発想により、世の中の先陣を切るような車種を開発すること」です。例えば、今やあたり前の電気自動車ですが、私も、チームとして開発に携わったことがあります。当時は、一般車種に一般的な価格で採用できるかどうかが見えない技術でしたので、チーム全体の知恵を結集し、効率的に取り組まねばなりませんでした。例えば、若い部下からの提案は目から鱗的な展開につながることが多いので、週に三回、個別に「アイデア面談」を行い、本音を言い合うところから意思の疎通を強化いたしました。こういった細かい取り組みにより、チームメンバー全員の潜在能力を引き出すことができたと思っております。

OnePointAdvice

30代、40代に求められる要素で最も大きなものの一つが、「部下のマネジメント力」です。企業が、この年代の応募者に期待していることは、個人のみの業績ではなく、チームとしての業績であることが大半でしょう。ワンマンな指導者ではなく、チームメンバー一人一人の潜在能力を引き出すことができるマネジメントスキルを持つ指導者。自身がそうである、ということをアピールできれば、それは大きな「強み（特技）」となるのです。

ケース別回答例②

『スピード感と決断力が強みです』

（金融会社から、IT会社へ転職）

入社してから10年間は、開発メインのセクションで主に金融システムを手掛け、15年ほど前からは運用・維持管理がメイン業務となりました。開発メンバーだったころ、よく運用チームから改善要望が出されていたのですが、よりエンドユーザーに近い環境での業務は、非常に重要で想像しているよりも大変厳しいものだと知りました。それから徹底して、運用管理とは何がベストなのか、追求し続けてきたつもりです。システム異常、セキュリティ事故など、回復に緊急を要する事象では、開発経験、運用経験の現場から吸収した知識と経験で、現場の指揮にあたってきました。これらの経験により、リーダー足る者、物事を前に進める時に肝心であり、私の強みでもあるのは、豊富な現場経験から得たスピード感と決断力だと思っております。

OnePointAdvice

30代40代は、それまでに培ってきた経験を遺憾なく発揮できるかどうかで、価値が変わってきます。システム運用現場においては、故障時の復旧が急務となります。瞬時の判断で事なきを得ることもあるはずです。そのためには、常にアンテナを高くし、様々なデータを整理しておく必要があり、有事の際には即座に対応することができる点を強調するために、この後に実例を用いて面接官に説明を加えることをお奨めします。実績に裏付けされた自信を、面接官に見せてください。

3　12

あなたの長所・短所はなんですか？

Check!
誰にでも長所・短所はありますが、この質問は「業務遂行に関連ある性格」を確認することが目的です。

◆プライベートな内容は不可

この質問は、「仕事に対する適性」と「職場の環境に対する適性」の2つを確認することが目的です。したがって、プライベートな内容の回答は避けたほうが良いでしょう。回答の内容自体ももちろん重要ですが、自身の性格について説明させることで、「コミュニケーション力」と「しっかりと自己分析ができているか」「それを適切に表現できるのか」についてもチェックされていると考えてください。

◆30代・40代回答のポイントは？

気をつけなければならないのは、面接官が受ける印象と回答内容が一致しているかどうか、という点です。例えば、「前向きかどうか」「積極的かどうか」といったことは、話せば1～2分のうちに分かってしまいます。よって、ここで信憑性を失ってしまうと、以降での挽回は非常に難しくなるでしょう。

「前向きに、粘り強く業務を完遂した」ことを言うには、ある短所がもとで業務上で仮に失敗したことがあったとしても、それをいかに挽回したか、いかにして次の仕事に活かし実績を上げたかを、エピソードで具体的に語ります。

例えば「熱中し周りが見えなくなってしまうことが欠点です。重要案件のプレゼン資料を納得のいくまで修正していたら徹夜になりました。資料は何とか間に合いましたが、その日の午後も別の打ち合わせがあり、準備が不足し良い印象を持たれず、この件は受注できませんでした。以降は、優先度や難易度を考慮したスケジュールを、最初にしっかりと決めるようにしています」といった言い方です。

ケース別回答例①　30代の場合

『長所は行動力、短所は少々せっかちな所です』

（ビール会社から、飲料会社へ転職）

現在は、ビール会社の商品開発部に所属しております。
ビール業界では、飲料各社の攻勢もあり、スタンダードな商品に加えて新しいイメージの新銘柄の開発が急務になっております。そして、市場は常に「次にくるものは何だろう？」と期待しているわけですが、その期待に応えられるよう、基本ではありますが徹底的な市場調査を敢行いたしました。
量販店、レストラン、居酒屋、自販機、街頭調査を企画し、時間が有効な限り活動したことは記憶に新しいところです。そして、そうした行動力こそが、私の最大の長所だと思っております。しかし反面、少々せっかちなことも自覚しております。
私ももう、部下の教育・指導も求められる年代ですので、周りを見渡す余裕を持つことを、常に心掛けて行きたいと思います。

One Point Advice

この回答例は、30代前半の比較的若い人に向けたものです。よって、「せっかちだという短所は自覚している。それを直していきたい」という意欲を前面に出すことで、積極性のアピールにつなげています。しかし、35才以上の方の場合は、この内容では不十分でしょう。「短所をマイナス要素として終わらせないために、具体的にどうするのか」というところまで踏み込んだ回答が求められます。

ケース別回答例②

『仕事に対する厳しい姿勢が、長所であり短所でもあります』

（コンサルティング会社から、同業他社へ転職）

私は、仕事において妥協をしたくありません。この姿勢が、最大の長所であるとともに、短所にもなってしまっていると自覚しております。
コンサルタントは、サービスの質を上げる努力を惜しんではいけません。よって、まずは目標管理を徹底して行います。例えば、四半期毎に、メンバー一人一人に目標設定を詳細に行わせ、週単位でその進捗状況をチェックしています。その上で、個人のパフォーマンス評価をかなり厳しく見ておりますので、部下からは相当な鬼教官だと思われていることでしょう。もちろん、厳しくするだけで部下はついてきてくれませんので、フォローのための面談もマメに行っておりますし、無理矢理な目標設定を課したりはいたしません。ただ、やはりまだ至らない点も多々あるかと思いますので、現時点では「短所でもある」と自覚している次第です。

One Point Advice

倒産する企業が相次いでいるご時世ですので、ただ人当たりの良いだけのリーダーを欲している企業は皆無でしょう。しかし、「ただ厳しいだけ」でも、下の者はついてこない。ここが難しいところであり、また30代40代の応募者には、突破してほしい壁でもあります。
「今、求められているリーダー像は？」を常に考え、短所については「前向きな結論へ持っていけるかどうか」を考えたうえで、話すようにしましょう。

3　13

仕事上で失敗したことはありますか？

「失敗した」＝「責任ある業務を任された」と考え、そこから自己PRへ持っていけるかどうかがポイントです。

◆なぜ失敗談を聞くのか？

まずは、「仕事上での失敗経験有り」＝「それなりに責任ある仕事を任された」という前提で考えてください。よって、「特に失敗は無い」という回答は、大した仕事はしていませんと言っているようなもの。あるいは、「失敗を恐れてリスクのある仕事はしていません」という意味に取られる危険もあるわけです。もしくは、「失敗をもとに何かをつかんだ経験が無い＝成長しない人」と思われる可能性もあるでしょう。

つまり、この質問は失敗談を通して自己ＰＲしてくださいということなのです。

◆30代・40代回答のポイントは？

もちろん、どんな失敗でも話せば自己ＰＲになるわけではありません。つまらぬ不注意ミスやビジネスマナー的なことは、社会人経験10年以上の年代としては恥ずべきことです。業務としてまとまった仕事上での失敗を話し、その際の問題解決において、どのような対応をとったかを語ることが必要になります。

例えば、「営業活動で受注確実と考えた売上高の高い案件を受注できなかった」ことがあるとします。なぜ受注できなかったのかを、様々な角度で分析したことを述べ、更に今後どうすればこの失敗を防ぐことができそうかまでを述べます。「他社攻勢の状況確認を怠ったため、他社のさらなる値引きの情報がわからなかったからです。これを機に他社状況を意識して調査するようにしました。また受注伝票を発行するまでは、お客様との情報交換を密に継続する姿勢を貫きました」など、2度と失敗しないための「今後の姿勢」も具体的に語る必要があるのです。

ケース別回答例①

『チェックの不徹底からプロジェクトの進行に遅れを生じさせたことがあります』

（広告会社営業部から、同業他社営業部へ転職）


私が責任者として担当したプロジェクトで、外注の制作会社のメンバーアサインミスから全体の進捗を大幅に遅らせてしまったことがあります。

幸い、初期段階で発覚したミスですので最終的には大きな遅れにはならなかったのですが、巻き返しのため、メンバー全員にかなりの負担をかけることになりました。

また原因は、プロジェクトスタート時という大切な時期に、作業を制作会社任せにしてしまった私にあったと思います。

これは4年前の話でして、以降は、外注および社内スタッフとの連携および進捗状況の確認は、時間の許す限り徹底して行うようにしております。おかげで、納期の正確性については高い評価をいただけるようになったと思います。

One Point Advice

失敗経験を問う意図は、当然の事ながら「失敗した内容を細かく聞きたい」ということではなく、「その失敗経験が、その後、どのようなプラス材料になったのか」という前向きな姿勢を聞かせて欲しいということです。

この回答例では、「失敗した原因はすべて自分にある」と認めた上で、「その後の、納期の正確性の向上につながった」と持っていき、さらに「部下や外注を使うという場面で」としていることで、管理能力が問われる30代40代ならではのアピール材料として成立させています。

ケース別回答例②

『契約書上の記載ミスで、会社にもお客様にも迷惑をかけてしまいました』

（映像会社営業部から、同業他社営業部へ転職）


以前、クライアントと交わす契約書において、金額と納品日についての誤記に気づかぬまま先方に提出してしまい、結果、会社にもお客様にも多大な迷惑をかけてしまったことがあります。

その当時は、書面の最終チェックはすべて、私一人で行っていました。部下の負担を少しでも減らすこと、そして「何人にチェックさせようと、最終的には自分のチェックが必要なんだから」という思いからです。しかし、そのような自分本位の進め方は、結局、部下にとってもマイナスにしかならないということを、その件で痛感いたしまして。以来、必ず3名以上でダブルチェックを行い、また独自に作りましたチェックリストを提出させることで、不注意によるミスを無くすようにしております。

One Point Advice

同じ失敗を繰り返すことが許されるのは、20代までです。30代、40代であれば、同じ失敗は繰り返さないことはもちろん、それをいかに、部下に対しても徹底させるのかということが求められます。

回答例では、ダブルチェック体制を徹底させたことを話していますが、例えばこれに「独自に作ったチェックリストが、他部署でも使われるようなった」といったエピソードが加われば、会社への貢献度が高かったという事実をより強くアピールすることができるでしょう。

3　14

何か苦労されたことはありましたか？

Check!

問題解決能力や業務遂行能力を問うための質問です。仕事上での苦労と、それを乗り越えた事実について述べましょう。

◆なぜ、苦労した経験を聞くのか？

この質問は、仕事上で苦労した経験と、その解決策を述べさせるものです。「苦労」だからといって、個人的な苦労話を述べてはいけません。

近年の雇用情勢の厳しさの中、単に売りや実績を強調しようと準備している転職者にとっては、この質問には面食らうかもしれません。採用側は、応募者に対して予想外の質問を投げることで、柔軟に対応できるか、冷静に自己の分析ができているかを試そうとしています。

◆30代・40代回答のポイントは？

「誰にとっての苦労なのか」を考えてください。自分にとって辛かったこと、苦労したことを語るのでなく、「会社経営にとって問題となりうること。そして、それをどうクリアしたのか」が問われているのです。

例えば、開発責任者としてある製品の開発を指示されたとき、メンバーが不足していて、指示された日程で開発を完了することが難しいといったケースはどうでしょうか？　開発責任者にとっては、開発スケジュールを守れそうにはないわりですから、その重圧が辛いと感じることでしょう。しかし、そんな個人の辛い感情はどうでもいいのです。

大切なのは、「この問題を冷静に分析し、会社経営にとって何が問題なのかを認識できたのか。そして、どうやってこの問題を解決したのか」という点です。

もちろん、抽象的な言葉だけで語るのではなく、具体例を盛り込みつつ、細部まで説明することが求められます。

ケース別回答例①

『子会社立ち上げ時の人材不足で追い込まれたことがあります』

（ネット通販会社から、同業他社へ転職）

6年ほど前、ちょうど会社がグループ企業の立ち上げに注力していた時期だったのですが、新たに立ち上げた子会社でスキルのあるスタッフが揃わず、右往左往してしまった経験があります。
当時、私は子会社設立業務の中心メンバーだったのですが、本社自体が既に人員不足でしたので出向に回せる人材がほとんどおらず、結果、子会社の方は経験者の新規採用に頼らざるをえませんでした。しかし、それが思うようにいかず…。結局、「スキルの足りない新規採用者は、2年間、徹底して研修を行い軌道に乗せる」という方針に切り替え、それまでは私を始めとした本社スタッフが、それこそ不眠不休で働き、合理化を徹底的に追及することで、何とか乗り切れたという次第です。しかしこの苦労は、私のマネジメント力、および部下の育成能力の向上に、大きくつながったと思っています。

One Point Advice

マネジメント力、そして部下の育成能力は、30代40代の応募者が要求されるスキルの最たるものです。回答例のように、2つの能力について同時にアピールできるようなエピソードを話せれば、言うことはないでしょう。
もちろん、この後には「どうやって乗り切ったのか」ということについて具体的に聞かれる可能性が高いので、回答を用意しておいてください。

ケース別回答例②

『人事部でリストラの宣告をする役目でした』

（百貨店人事部から、アパレル業界へ転職）

昨今の経済不況から、現職である百貨店も業績不振が続いており、リストラもかなりの規模で行っております。そして私は、それを宣告する側の立場におります。これまでに、延べ200人の方の面接を担当してきました。中には、以前は私の上司だった方もおりまして、非常に辛い役割であると、今現在でも感じております。
もちろん、仕事ですから綺麗事を言うつもりはありませんが、ただ単に「リストラ宣告を行うだけ」とならぬよう、心がけてきました。例えば、私は数年前からずっとキャリアカウンセラーの勉強を続けてきているのですが、リストラを告げる際には必ず、今後の再就職に関してスキルの棚卸しをさせたり、関連会社ので求人もしくはハローワークでの求人を紹介したりと、できる限りのフォローをしています。

One Point Advice

回答例の内容は、「情に深い人間なんだ」ということをアピールすることが目的ではありません。「与えられた役目はまっとうするが、その中でも最大限の努力をする」という点をアピールすることが目的です。
但し、面接官の性格によっては「仕事に情を挟むタイプだ」と判断されてしまう危険性もありますので、回答例のような話をするときは、それが吉と出るか凶と出るのかについて十分に考えてからにしてください。

3-15 前職の給与（または希望給与）をお聞かせください

◆給与額について聞く意図は？

前職の給与額を聞く狙いは、次の3つです。

①応募者のおおよその実力のレベルを見る
②採用後の給与決定の目安にする
③応募者と採用側のギャップを確認する

いずれにしても、正直に話してください。概算でもいいので、年俸で伝えてもかまいません。

◆30代・40代回答のポイントは？

前職または希望の給与額を聞く意図は、そこで交渉した上で決定しようということではありません。まずは、先の③にあるように、大きなギャップがないかを確認するためです。

したがって、「できるだけ多く」あるいは「お任せいたします」では、回答になっていないのです。控えめに考えて「御社の規定に従います。その後は私の働きをみて決定してくだされば結構です」と言うのも、悪くはないのですが、個人的はあまりお勧めはしません。この回答は、未経験者の場合は良いのですが、特に外資系企業などの場合には、自分の経験・スキル・ポテンシャルから見て妥当な金額を伝えることがベストなのです。

ここでポイントとなるのは、前職での給与額を基準として、その希望額の根拠を簡潔に言うことです。言い方によっては、自己PRにもなります。例えば、「前職は年俸800万円でしたが、新たにシステムアーキテクト資格も取ったのでお客様にあった最適システムを早く正確に構築できます。規定には従いますが、プラス100万円が希望です」など。採用後のポテンシャルを述べ、話す内容に筋が通っていれば問題ないのです。

Check!
この質問の狙いはいくつかありますが、希望通りになるとは限りません。根拠とともに、正直に答えることが重要です。

ケース別回答例①

『現職での年俸は950万円ですが、それ以上を期待します』

（建設プラント会社から、同業他社へ転職）

現職では、国内プラント事業で7年、その後海外事業部で海外プラント事業に12年間携わってきました。主に高層のビル建築を専門としています。
入札段階からの企画・提案から始まり、設計・構築に携わり、現場のスーパーバイザーとして現場監督の役割まで経験してきました。海外プラントでは、現地の企業との調整・交渉において骨を折ることが、国内に比べて数倍にもなります。しかし、そこは持ち前の実行力と指導力で牽引してきました。
今回は御社の中国進出にあたり、自身の力が最適であると考え、最大限に力を発揮し貢献できるものと確信しております。よって、前職の年俸950万円を上回る額を期待いたします。

One Point Advice

前職以上の給与を希望することは、特に30代40代であれば当たり前のことです。もちろん、それなりの実績が必要となるわけですが、不要に「給与は安くてもかまいません！」と言うことは、かえってマイナス評価につながることもあるのです。

回答例は、求人企業が中国進出を目論んでおり、その事業を成功に導いてくれる人材を募集しているので、企業側と応募者側のスキルが非常にマッチしているケースです。このような場合は、自信を持って強気のPRを行ってください。

ケース別回答例②

『実績および実力に見合うと思われた額を設定してください』

（化粧品会社から、同業他社へ転職）

商品営業で5年、商品プロモーションで10年の経験を積んできました。
化粧品は、ブランド毎に異なるイメージ作りが大切です。そこで私は、新規ブランドの場合は対象のお客様がキャッチアップできる新鮮なイメージのプロモーションを、既存商品の場合はあえてイメージの刷新を意識したプロモーションを徹底してきました。ここ数年は、社内ベスト3の売上伸び率をキープしてきましたが、何よりもプロモーション効果であると自負しています。
御社でも、これまでの経験で得たものをもとに、大いに貢献していきたいと考えております。給与に関しては、私の実績および実力に見合うと思われた額を設定してください。

One Point Advice

回答例1とは異なり、こちらは「額を決めてくれ」と全面的に相手へ委ねているケースです。もちろん、このやり方は「希望年収を大幅に下回る額を設定される」というリスクがあります。ですが、「胸を張れる実績があること」「応募先が、得たいの知れない会社ではないこと」という条件を満たしているのなら、実力に見合った額を希望するということを堂々と言い切ってしまうことも、選択肢の1つだと考えて良いでしょう。

3 16

採用されたらいつから出社できますか？

Check!

応募者が在職中の場合、必ず聞かれます。出社可能日の根拠を示した上で、希望を提示しましょう。

◆入社の意思確認のため

この質問は、入社意志を確認するためのものです。採用側は、良い人材ならば早く出社してもらいたいのです。特に、欠員補充のための中途採用の場合は、引継ぎ等もありできるだけ早く来てもらいたいと考えているでしょう。ただし、明確な理由がある場合には、ある程度の猶予をもらうことは可能です。この猶予期間は、通常は「1ヶ月以内」程度が多いのですが、交渉によっては延長が認められることもあります。

◆30代・40代回答のポイントは？

在職中の人が現在の仕事を引き継いで退社するには、すくなくとも1ヶ月はかかります。会社でのポジションによっては、さらにかかる場合もあるでしょう。

提示された猶予期間よりも長く時間がかかる場合には、理由を明確に述べて、延長を交渉してください。

例えば、「法律上は、社員側からの自己都合退職なら2週間でも退職は可能ですが、現在の会社の規定では、辞表提出から1ヶ月以上経過後に退職可能となっており、この間で後任の決定と業務引継ぎを行います。すぐにでも入社したい気持ちなのですが、1ヶ月から1ヶ月半程度のお時間をいただけないでしょうか？」などとお願いするわけです。

既に退職している人ならば、いつでも出社可能ですが「いつからでも結構です」ではなく「来月の初日から」など、時期を明確に言ってください。例えば「退職していますので基本的にはいつからでも大丈夫ですが、御社も準備が必要だと思いますので、通知を頂いてから1週間後の週始めからではいかがでしょうか？」といったようにです。

ケース別回答例①

『既に退職しておりますので、ご指定くだされればいつからでも大丈夫です』

（不動産会社から、同業他社へ転職）

前職は、先月末に既に円満退職しておりますので、ご希望の出社日をご指定いただければ、いつからでも大丈夫です。
前職では、嬉しいことに高い評価をいただけておりまして、退職の意志を伝えたときには、強く引き止めていただきました。もちろん、残留は辞退させていただいたわけですが、引き継ぎには丸々5ヶ月を費やし、業務の滞りが発生しないよう、最大限の努力を行ったつもりです。
おかげさまで、最終的には円満に退職することができました。今後は、御社の益々の発展に誠心誠意、尽力していきたいと思います。

OnePointAdvice

「いつから出社可能なのか」について知りたいだけが、この質問の意図ではありません。30代40代の応募者であれば、前職でもそれなりのポジションに就いていたことでしょうから、「引き止めにあったこと」「引き継ぎには最大限の誠意を見せ、結果、円満退職であったこと」についてもアピールし、人間性や責任感の高さを面接官に伝えてください。

ケース別回答例②

『採用決定後、1ヶ月間の猶予をいただきたいです』

（金融企業の課長職から、同業他社へ転職）

実は1年前から転職を考えておりまして。まずは転職希望先の企業研究をじっくりと行い、3ヶ月前に人材紹介会社に登録し、そして御社の内定に至ったわけです。
よって、引き継ぎにつきましてもスムースに行えるよう準備を進めてきております。
現職では課長職に就いておるのですが、部下および後任者に向けての「業務マニュアル」を、かなり詳細な内容で作りました。これにより、1ヶ月もあれば、引き継ぎを完璧に行えるでしょう。もちろん、上司には既に退職の旨を伝えており、惜しまれておりますがご理解いただき、内々には承諾を得ています。

OnePointAdvice

転職を決めるにあたり、後進指導が日頃からできていないようではNGです。30代40代ともなれば、それなりに責任ある立場に置かれているわけですから、回りに迷惑を掛けることはご法度です。要職に就いているほど、計画性を持って行動できるかがチェックされます。立つ鳥跡を濁さないためにも、日頃から部下育成を怠らないようにしましょう。また重要なポジションを担っているからには、経営幹部にもさり気なく、抜かりなく伝えてあることも、面接官に伝えてください。

3 17

他の会社も受けているのですか？

Check！
他社を受けていることを隠す必要はありませんが、明確な志望理由を述べ、入社意慾を強く印象づけることがMUSTです。

◆なぜ、他社への応募状況を聞くのか？

採用側は、自分の会社の位置を確認したいと考えています。おそらく面接官は、他社の募集状況詳しく知っており、具体的な他社名を出して聞いてくる場合もあります。その答え方で、入社の意欲を判断し、両方合格した場合にどちらの会社に入社するつもりなのかを推測するのです。

◆30代・40代回答のポイントは？

本当に1社のみの場合は、正直に答えれば良いでしょう。志望動機を述べつつ、「十分に研究した上で御社に決めている。だから御社にしか興味が無い」とアピールすればいいわけです。

数社受けており、仮に第一志望でない場合は、それでもきっぱりと「御社が第一志望です」と言いきってください。もちろん、なぜ第一志望であるかについて、納得感のある回答が求められます。過去の経験と実績、今後やりたいことを述べ、入社意欲を強く感じてもらうことがポイントです。

例えば、「何社かに応募しました。業種は異なりますが、御社の場合と同様商品企画部門のマネージャを募集しています。私は、前職ではシニア向け商品を開発しておりやりがいを持って仕事をしました。今回、御社が募集している業務内容と似ています。経験も生かせるので、今後もシニア向けの企画に特化している御社に入社を希望しております」など、自分の志望動機を明確にしておくことです。その会社を十分に調べ、志望理由を述べることで、入社の意欲の高さを伝えましょう。面接官が求めているのは、とどのつまりは「入社意慾」を感じることなのですから。

ケース別回答例①　30代の場合

『他社は参考程度で、本命は御社です』

（国内ホテルチェーンから、異業種接客業へ転職）


他の会社も情報収集の意味で面接を受けましたが、本命は紛れもなく御社です。

私はこれまで、ホテルマンとして18年、接客一筋で参りました。ホテル業界は、特に都心部では競争が年々、激化してきております。よって、お客様と接する際に最高のホスピタリティを提供するべく、常に心がけてきたつもりです。また、部下の教育も重視し、真にお客様に喜んでいただけるサービス精神を伝授して参りました。自画自賛のようで恐縮なのですが、ホテルマンとして身に付けた接客能力、そして部下への教育能力は、例え異業種でありましても、「接客」というフィールドにおいては問題なく活かせるものだと確信しております。

One Point Advice

「御社しか受けていない」「他社も受けているが、本命は御社である」、どちらの回答でも問題ありません。回答例では、「本命は紛れもなく御社です」と、ストレートに言い切っています。それよりも、大事なのは「その事を伝えたあと、何を話すか」です。回答例では、自身の実績と、異業種でも問題ないと考えている理由についてアピールしています。もちろん、この後で「なぜ、当社が本命なのか？」という点を聞かれる可能性がありますので、答えを用意しておいてください。

ケース別回答例②　40代の場合

『現在は、御社一本に絞らせていただいております』

（シンクタンク企業から、同業他社へ転職）


現在48歳ですが、この年齢の転職はそう簡単ではないと自覚しています。

現職はシニア・コンサルタント職にあり、サーチするノウハウが豊富にある関係で、転職にあたり気になる企業の調査は徹底して行ってきております。

御社の企業理念である「革新をその手中に・・・」は、もともと、自身によく合っているなと感じておったのですが、業務内容、実績、業界での評判といった点について複合的に調べていくにつれ、御社への関心がどんどんと深まっていきました。

結果、現在は御社一本に絞らせていただいております。

これまでに培ってきました、お客様企業とのコネクション、人脈は、私の最大の武器です。御社でも、質の高いコンサルタントとして活躍できるものと確信します。

One Point Advice

40代、特に40代後半ともなれば、そう簡単に転職はできません。よって、「御社一本に絞ってます」くらいの熱意を見せた方がいいでしょう。

もちろん、「1社に絞るために、どれだけ複合的なリサーチを行ったのか」を説明することで、40代ならではの情報収集力をアピールするわけです。また、「御社でも、これだけ貢献することができる！」というアピールも、忘れずに盛り込んでください。

3 18

最後になにか質問はありますか？

Check!
この質問は、面接終了時の決まり文句のようなものですが、事前に質問を用意しておけば、入社意欲のアピールに使えます。

◆入社の意欲を伝える最後のチャンス！

面接終了時の「お決まりの質問」ではありますが、ここで「何もありません」とすればいいのか、本当に気になっていることを聞いてしまってもいいのかは、迷いどころでしょう。

採用側には、「知りたいことがあるなら、答えてあげよう」という気持ちもあるでしょうが、当然のことながら「何も質問の無い人＝入社意欲が薄い人」という判断基準になることもありえます。よって、入社の意欲を伝える最後のチャンスでもあるのです。

◆30代・40代回答のポイントは？

業務の基本的な内容や、労働条件について蒸し返して聞くことは絶対にNGです。つまらない質問をして悪印象を与えるくらいなら、お礼を丁寧に述べるだけのほうがまだマシでしょう。例えば、「ご丁寧な説明を頂きましたので、御社の業務内容もよく分かりました。改めて、是非御社で働きたいと思いました。本日はどうもありがとうございました」といったように済ませておくのも、1つの選択肢なのです。

もちろん、お礼を言うだけではなく、「適切な質問」もすることがベストだということは言うまでもありません。

30代40代という年齢であれば、例えば将来の会社の経営戦略に関わるような質問内容が良いでしょう。「海外戦略の強化とありましたが、差し支えなければ、アジア地区の現地法人の強化計画等をお聞かせいただけたらと思います」といった質問です。

ケース別回答例①　40代の場合

『御社の将来的なビジョンを教えていただけますか?』

（流通会社から、同業他社へ転職）


御社のロジスティクス・サービスの多様化は、利用者にとっては利便性の面で評価が高いと思います。これまでも革新的なサービスを次々と打ち出し、業界ではTOP企業として揺るぎない地位を築かれていますが、これからの10年はどのようなビジョンをお持ちなのでしょうか？　御社の経営の一躍を担えるという立場であると仮定して、是非お聞かせいただきたく思います。

私は、現職では事業戦略部門におりますので、常々先々の方向性を模索して参りました。現代は、ステークホルダー、つまり株主、お客様、従業員が企業の方向性を敏感にキャッチアップする時代だと感じております。自身も骨を埋める覚悟での転職なので、御社の将来の見通し、展望をお聞きかせいただければと思います。

One Point Advice

40代ともなれば、次の転職先で骨を埋める覚悟だと考えるのが当然のことでしょう。転職先のことは、HP等で企業の経営方針、理念についての調査は可能でしょうが、この不透明な世の中でやはり質問しておいた方がベターな事項は、転職先の「将来ビジョン」です。

羅針盤のない船に乗ったら、遭難しかねません。最後に自身で確信を持ちたければ、面接官から直接聞くことをお奨めします。特に、幹部との面接時にはしっかりと確認してください。

ケース別回答例②

『高い顧客満足度と社員満足度をキープされている秘訣は何なのでしょうか？』

（システム開発会社から、同業他社へ転職）


顧客満足度と社員満足度に関してなのですが、御社はいつも、同業他社と比べて高いポイントを維持しています。なぜ、それが実現できているのか、その施策について教えていただけませんでしょうか？

顧客満足度については、「技術の先進性」によるものだと感じております。たとえば、クラウド・コンピューティングにおいても、国内でいち早くセンタを立ち上げ、サービス提供を開始し、高信頼、低コストを実現されていました。

社員満足度の高さにつきましては、この業界において離職率3%という数値は驚異的です。社員一人ひとりの意思を尊重し、育成面においてテクノロジ、パーソナル、マネジメントのトータルバランスCDPを徹底しているのだろうなと推測しております。

One Point Advice

ただ質問するだけでなく、「その秘訣はどこにあるのか」についての個人的見解を、企業調査に裏付けられた明確な理由とともに述べてください。

「何か質問はあるか？」という問いは、疑問点を解消するために使うだけでは意味が無いのです。この回答例では、応募先企業の良い点を誉めつつ、自身の調査・分析力のアピールへとつなげています。

給与面や福利厚生面について質問したい場合は、このような質問をした後に、「もう1つ、よろしいでしょうか？」と補足的に尋ねるのがベターです。

30代40代の転職

面接テクニック

採用を勝ち取る!

第4章

30代・40代には「経営者の視点」での回答も求められる

4-1 有能な経営幹部がいないのですが、どうしたらいいと思いますか？

Check!
これは、応募者が「有能な経営幹部」になりうる人材なのかどうかを確認するための質問だと考えてください。

◆経営者から見た「優秀な人材」とは

経営者から見た「優秀な人材」とは、会社方針、社長の考え方を理解し業務実績を上げることができる人材のことです。つまり、この質問は「応募者が、自社の有能な経営幹部候補になりうる人材なのかどうか」を確認するためのものだと言えます。

他の業界や会社で優れた実績を残した人物でも、自社でもすぐに活躍できるのかというと、そうとは限りません。それよりも、「優秀な経営幹部に育てられそうか」という将来性を見ているわけです。

◆30代・40代回答のポイントは？

優秀な管理職とは、業務遂行力が優れていることが必要ですが、まずは「経営者から見て、安心して仕事を任せられること」が大切です。例えば、以下の3点の要件を満たす人物などが、それに該当します。

- 与えられた情報やデータから自分の考えを論理的に組み立てられ、大局的な判断基準に沿って、しっかりと意思決定ができる
- コミュニケーション能力に優れ、自説を効果的に発信できる
- リーダーシップを発揮して、部下に「やる気」を出させ、自部門の目標を達成できる

このような条件を満たし実績を上げている応募者を選抜し、経営幹部としての教育を実践で鍛えます。責任のある仕事、できれば全社的にキーとなる業務を複数経験させることで、有能な経営幹部に育つのです。

ケース別回答例①

『私でしたら、全社員による経営参画を進めます』

（食品会社から、同業他社へ転職）

あくまで個人的な意見ですが、経営幹部だけによる経営では、会社の発展は無いものと思っております。端々の社員までが知恵を出し活躍してこそ、業績の継続的な向上が見込まれるのではないかと。
事業の方針・目標は、トップが明確に打ち出しておくべきですが、方針・目標を決めた後のDOは、若手社員に至るまでしっかりと、方針展開を徹底すべきだと思います。例えば、現職の会社では、それぞれの業務で改善ワーキング・グループを結成して、日々のサービスの品質や業績の向上に励んでおります。具体的には、改善事例の報告会を実施し、効果的な事例は横展開を図っております。また、毎月のMVP表彰や年2回のTOP表彰といった催しで、社員の士気を高めてきました。

One Point Advice

「経営者の視点」での回答を求めるような質問に対しては、上から目線での空論にだけはならぬよう、細心の注意を払ってください。また、応募先企業の現在の方針を批判するような内容も絶対にNGです。回答例では、「全社員による経営参画」という、一見すると絵に描いた餅的なことを言っていますが、その実現のための施策が現職での経験に基づいているため、単なる空論では終わらない内容になっています。

ケース別回答例② 30代の場合

『御社でも、近い将来必ず経営に携われるポジションに就く所存です』

（機械メーカーから、同業他社へ転職）

現職では法人営業部に10年間所属しておりまして、主に中小企業を担当しておりますが、その関係上、経営者の方と直接お話させていただくことが多くあります。彼らから聞く、経営理念や営業戦略についてのリアルなお話は大変刺激的で、ためになる知識を数多く吸収させていただきました。また、学生時代には経済を専攻していたこともあり、MBA資格に挑戦し無事に取得することができました。
現在は、経営企画本部で中期経営計画の策定に携わっておりますが、法人営業部での経験が大変役立っており、また「経営」というものの楽しさと難しさを実感する毎日です。御社でも、近い将来必ず、経営に携われるポジションに就く所存です。

One Point Advice

時には、「有能な経営幹部がいないのなら、ぜひ私にお任せください！」というノリで言い切ってしまうのも手です。もちろん、それなりの実績を、数値を交えてアピールできるということが前提ですが、「この程度の実績で、あまり大口をたたくのは…」と控えめになってしまうよりは、強気で攻めることが功を奏することもあるのです。

4-2 高齢の従業員が多いのですが、どうしたらいいと思いますか？

Check!
高齢化には、賃金・就業の形態・健康管理といった課題があります。どの課題に対する質問なのかを見きわめてください。

◆「従業員の高齢化問題」とは何なのか？

一口に「従業員の高齢化問題」と言っても、「高齢者の職務・処遇」「管理職の高齢者に対する認識」「職務の再構築」「健康管理上の問題」など多岐にわたるため、何が問題なのかを確認してから回答する方が良いでしょう。

特に、専門性の高い企業や独自技術・技能の必要性が高い企業では、高齢者とは言え、一般の従業員と同等に考える必要があります。

◆30代・40代回答のポイントは？

高齢者の職務・処遇に関する課題では、高齢者の位置づけをどうするのか、職務と処遇をどうするのかを決める必要があります。年齢による一律の制度とするのでなく、能力に応じた制度、処遇を考える必要があるわけです。それを、経営効率の面から見て、どうすれば良いのかという観点で答えましょう。

管理職の高齢者に対する認識については、高齢者は重要な戦力であることを理解させ、個別の能力に応じた管理が重要だと認識させる必要があります。

自分より年齢が上であるため、敬意を表しながらも業務に関しては通常の部下となんら変わることのない態度で接することが大切です。経験が豊富な高齢者に対しては、部下の教育係としての役割を与えるといった方策を述べても良いでしょう。

また、職務再構築の課題であれば、例えばワークシェアリングを積極的に取り入れた職務再設計を図る等の考えも良いでしょう。健康管理は、基本的に個人の管理が原則ですが、高齢ゆえの体力の衰えへの配慮は十分に考えるべきです。

ケース別回答例①

『技術継承の問題をクリアするべく、人材の補充を積極的に行います』

（住宅会社から、同業他社へ転職）


高齢の従業員が多いということは、現在よりも将来的な面で、技術継承の問題が生じることが予想されます。不況下においては人件費の削減が命題となりがちですが、ここはあえて、若手・中堅の採用を積極的に行い、高齢熟練者が抜けた後の穴をいかにスムースに埋めるための態勢を整えていくことを提案いたします。

もちろん、そのためのコスト捻出をどうするのかが、大きな課題です。

例えば現職では、建材の仕入先から徹底した見直しを図り、収益体質を改善しました。また、人材の採用も広告や紹介会社は極力使わず人脈を駆使することで、採用費用を最低限に抑えました。結果として、低コストで若手・中堅の補充を行うことができ、技術継承の態勢を整えることに成功しております。

One Point Advice

この手の質問に対して、「できるかどうか分からないけど、こうすればいいと思う」といった、想像のみの空論的な回答が許されるのは20代まで。30代、40代であれば、「実現可能な提案」「実現可能だと思う具体的な根拠」の2点が求められます。

回答例では、現職で実際に結果を出せている方法を提案しているので（加えて、同業他社への転職であるため）、説得量において全く問題が無いわけです。

ケース別回答例②

『高齢の方は、むしろ大きな戦力であると考えます』

（家電メーカーから、同業他社へ転職）


現職では、電化製品の会社で資材調達課の課長をしておるのですが、親会社の再雇用社員が多くいた関係で、高齢の従業員の割合が全体の4割程度を占めております。

私の部下も、10名のうち5名は高齢の方です。

しかし、高齢の方は皆さん経験が豊富ですし、逆に課長の私が相談することも多々あります。また、実直な方ばかりで事務処理等も適切に処理できていましたし、確実な仕事振りで逆に安心して仕事を任すことができました。

もちろん、若い社員と比べると体力面で厳しい点は否めませんので、残業や徹夜仕事については配慮が必要です。しかし、仕事の配分をしっかり考えて業務にあたっていただければ、高齢の従業員はむしろ貴重な戦力だと思っております。

One Point Advice

「高齢者が多い＝技術継承の問題が生じる」という前提が明言されているわけではありませんので、このような方向性の回答も有りです。

回答例では、面接官が「高齢の従業員＝使えない」という点を問題視しているという前提になっています。おそらく、面接官が求めている回答は「回答例1」の方でしょうが、バリエーションの1つとして、このような答え方もあることを覚えておいてください。

4　3

従業員の教育・育成に手が回らないのですが、どうしたらいいと思いますか？

Check！
この質問に対しては、「自分が管理職となり、このように対処する」という前提での回答を心がけてください。

◆もはやＯＪＴだけの人材育成は困難

特に中小企業では、現場の人員削減や技術進歩の速度が急速なため、従来型のＯＪＴだけでは人材育成が困難になってきました。おまけに企業経営者は、教育費を削減し外部委託に対しても難色を示します。すなわち、育成だけにかける金も時間も無いのです。

よって、自分が業務遂行の傍ら、育成や研修も担当する気概を示すというのも、１つのやり方です。もちろん、気概だけでなく、具体的な提案が必要になることは言うまでもありません。

◆30代・40代回答のポイントは？

人員が削減され、技術の進歩が急速なため現場の担当者は多忙です。そのために人材育成をする時間的余裕がありません。

また、新しい技術の習得には、ＯＪＴのみでの学習では限界がありますし、外部機関を使うのであれば経費という問題が発生します。したがって、教育研修の課題は、その教育にかける時間的な問題なのか、それとも教育経費など金銭的な問題なのかについて明らかにした上で、その対策についての提案を行う必要があるのです。

ところで、中小企業ではしばしば、社長直下のアドバイザー的な位置付けで、片腕的な人材を中途で採用する場合があります。この場合は、専門的な業務と同時に教育研修も可能かどうかの質問が出ることもあるので、自らがその役を引き受ける気概を持って答えると良いでしょう。

ケース別回答例①

『勉強会によるスキルアップが有効かと思います』

（警備機器メーカーから、同業他社へ転職）


現職では、関東地区10拠点の統合主任を任されております。10拠点と言いましても、1都6県にまたがりますので、担当地区の巡回だけでも結構な時間を要します。よって、部下の育成までは、とても手が回らないという状況でした。

そこで、20名いる部下の中から3名のリーダーを選出し、3チームに分けた上でチーム毎の勉強会を週一で開催させております。そして、私と3名のリーダーによるミーティングも毎週行い、フォローは怠りません。これにより、管理職の負担を最低限に抑えつつ、部下のスキルアップを図れるようになったと思っております。

チーム単位での勉強会は、メンバー同士のコミュニケーションも深めてくれますので、非常に有効な手段だと感じております。

OnePointAdvice

「管理職抜きでの勉強会」は、予想以上に効果があります。費用も手間もかかりませんし、若い社員の自主性も鍛えられるということで、会社としては非常にありがたいやり方でしょう。

ポイントは、業務命令というよりは「自主的な勉強会」という雰囲気が大切ですので、参加者のモチベーションをいかに上げるかということ。チームリーダーとの意思の疎通を密に行うことが大切です。

ケース別回答例②

『目標管理シートを使い、時間をかけて面談を行っています』

（医薬品会社から、同業他社へ転職）


どこの会社でも、この不況下では人員を最低限の数に抑えているはずですので、教育・育成に関しては頭を悩ませているかと思います。

私は、現職では営業部のチーム主任を任されておりますが、「目標管理シート」なるものを自作いたしました。これには、四半期毎の目標と、それをクリアするための施策について、細かく記入させます。その内容をもとに週一で、部下一人一人と面談を行い、進捗についての確認とアドバイスを行っています。

私にかかる時間的な負担はけっこうなものですが、長期的な視点で見れば、部下の育成は絶対に手を抜けません。手間は惜しまず、かつ最大限の効果をあげる工夫を、日々考え実行しているつもりです。

OnePointAdvice

回答例1とは逆に、こちらのテーマは「手間を惜しまず、自分の時間を犠牲にしてまでも育成には力を入れる」となっています。

もちろん、根性論だけではダメです。この回答例では、「目標管理シート」を自作するという工夫をアピールすることで、「工夫も手間も惜しまない」という姿勢をアピールしています。「目標管理シート」は、上司からの一方的な押しつけではなく、まず部下が自ら考えることから始まりますので、お勧めのやり方です。

4 「経営戦略」について、どのようにお考えですか？

Check!
まずは、どの領域の戦略なのかを確認し、それが自分の担当領域以外の戦略であっても、明確な方向性を示してください。

◆「リーダー性」を確認することが目的

経営戦略は「会社全体の方向性決めるもの」だと言えますので、この質問は応募者が「会社全体を考えた上で行動できるリーダー性」を持っているのかどうかを確認する意図があります。

但し、経営戦略と言っても、マーケティング戦略、人事採用戦略、財務戦略、営業戦略、技術戦略など、多岐にわたります。よって、どの経営戦略について語ればいいのかを明確にしなければなりません。採用面接時に聞く経営戦略なのですから、基本的には応募者の志望領域に関しての経営戦略を聞くことが多いと考えてください。

◆30代・40代回答のポイントは？

とは言え、どの経営戦略が欠けても会社経営は成功しません。したがって、自身の専門外領域の戦略についても整理しておき、シンプルに語れるようにしておくに越したことはないでしょう。そしてできれば、経営環境と競合他社についても、基本的な見識を述べられるようにしておいてください。

もちろん、そこまでマクロ的な意見を述べなければ絶対にダメというわけではなく、例えば人事採用戦略であれば、「高い営業成績をあげうる人材の採用を行うことを基本戦略とします。まずは転職エージェントを絞り、面接の精度を上げることを目指します」といったミクロ的な意見を言うという選択肢もあります。

「会社全体を考えた上で行動できるリーダー性」をアピールすることは、大風呂敷を広げるという意味ではないのです。

ケース別回答例① 40代の場合

『経営陣と現場の管理職が、まずはきちんと話し合うことが大切だと考えます』

（自動車販売会社から、同業他社へ転職）

現職では、営業部次長のポストに就いておりましたので、少なからず、経営戦略については考えるべき立場におりました。月並みですが、まずは自社の置かれている位置を正しく認識することが大切だと思っております。
内部環境、外部環境の分析は、SWOT分析や5フォース分析を用い、コアコンピタンスを明確にし、差異化・増強すべき分野を明確にしてきました。また収益面では、グループ毎の損益分岐点分析を徹底して行うことにより、不採算事業の改善に繋げてきたと自負しております。経営戦略を策定する上でもっとも重要なことは、経営陣と現場の管理職がきちんと話し合い、その結果を部下達に浸透させるべく、管理職が潤滑油としての役割をまっとうすることだと思っております。

One Point Advice

「当社の経営戦略について」と聞かれていないのであれば、応募先企業の戦略についての見解を語るのは避けておきましょう。
現職（前職）でそれなりのポジションに就いていたのであれば、自身の経験と、そこから得た教訓について述べると良いでしょう。「御社の経営戦略はこうするべきだ！」というたぐいの回答は、まず求められていません。

ケース別回答例② 30代の場合

『同じことをしていてはダメ 継続的な変革が大切です』

（IT会社から、同業他社へ転職）

世の中の急激な変化の波が次から次へと押し寄せてきている昨今、以前と同じことをしていては、さっさと置いていかれてしまうでしょう。
私は今、会社全体の経営戦略について考えるべきポジションには就いておりません。ですが、チームリーダーとして、常に業務プロセスの革新を考え、新しい提案をし続けているつもりです。
例えば、プロジェクト発足時に立てる工数スケジュールでは、「前回と同じやり方でいい」とは絶対にいたしません。常に、前よりも今、今よりも次をモットーに、新たな方法論が無いかどうか、メンバーと時間をかけて話し合うことにしています。こういった考え方は、会社全体の経営戦略の策定にも、通じるものがあるのではないでしょうか。

One Point Advice

30代で「全社的な経営戦略について、具体的に考えねばならないポジション」に就いている人は、そうそういないでしょう。そのような場合は、回答例にあるように「自分の業務ではこう考え、こう行動している」という話をメインに持ってくることで、自己PRを主目的とした答えにしてしまうというのも、1つのやり方です。

30代40代の転職

面接テクニック

採用を勝ち取る!

第5章

弱みへの厳しい質問
30代・40代に求められる
回答は？

5　1

実務経験が無いようですが、大丈夫ですか？

Check!

業務内容が前職と異なる場合には必ず聞かれる質問です。未経験でも問題が無いという根拠を、具体的に述べてください。

◆「未経験可」を楽観視しないこと

未経験可とは「応募は可能ですよ」という意味であって、企業が求めているのはあくまで実務経験者です。よって、応募者の中にその実務経験者がいれば、その時点で未経験者が採用される可能性は極めて低くなることを理解しておいてください。

◆30代・40代回答のポイントは？

そのハンデを乗り越える方策は、次の2つです。

① 経験の無いことに対する挑戦意欲を、具体的な行動でアピールすること
② 異業種での経験が、新しい仕事にどれだけ役立つかをアピールすること

①に関しては、新しい仕事に必要な知識を得るために何を行っているのか、資格等を取得するために努力しているのか、といった点をアピールできるかどうかです。②に関しては、特に30代40代はその豊富な経験とそこで得たスキルについて述べ、それらが新たな仕事に対しても役立ちそうだ、あるいは良い影響を与えそうだと理解させなければなりません。他の経験者には無い役立ちそうな武器を持っているなと思わせなければ、このハンデは乗り越えられないのです。

例えば、「部下を育成しながら業務を完遂した経験」は、職種に関係なく評価されるものでしょう。30代40代で、部下の育成能力が問われないことはありませんので、異業種転職のアピール要素として適していると言えます。

ケース別回答例①

『マネジメント力でカバーしていきたいと思っています』

（IT会社から、システム運用管理会社へ転職）

おっしゃるとおり、求人広告に書かれているシステム運用管理業務については十分な経験が無いかもしれません。これまでは主に企画、設計、開発などの上流工程に携わってきましたので、運用管理の経験は部分的に関わってきたにすぎないからです。

ただし、運用の人間とは密なコミュニケーションをとり、また運用マニュアルの作成にも参加してきましたので、業務知識については概ねおさえているつもりです。また、現職での経験が25年あり、直近では80名〜100名のプロジェクト・リーダーを務めるなど、プロジェクトのマネジメント部分に関しては自信があります。実務経験の不足は、マネジメント力でカバーしていきたいと思っています。

One Point Advice

直接的な実務経験が不足している場合、それを補う何かをアピールできるかどうかが勝負です。そして、30代40代の応募者が、職種を問わず強く求められる要素の1つが、マネジメント力です。

回答例の場合、システム運用管理については企画・開発の上流工程の長年の経験があれば、概ね対応できます。ですので、運用業務の経験不足からくるマイナスよりも、マネジメント力アピールのプラス要素の方が高くなっています。

ケース別回答例②

『現職は、広報・宣伝業務にも通じるところが多いかと思います』

（通信会社管理部から、同業他社広報部への転職）

ご指摘のとおり、今回御社が募集している広報・宣伝部の業務を経験したことはありません。

現職では、管理部長の立場で主に経営管理的な業務に就いておるのですが、経営管理の業務においては、経営者とともに経営理念、方針の策定を行い、社内への推進、対外的なアピールを行うことが求められます。

つまり、経営幹部の意図を汲み、それを表現し、お客様・社員へ伝えることが業務なのです。これは、広報・宣伝業務にも通じるところが多いのではないでしょうか？

これまでの経験をもとに、御社の経営者の声を、広報・宣伝というカタチで「見える化」し、企業発展に変えられるよう尽力していきたいと考えております。

One Point Advice

全く異なる職種への転職では、「現職（前職）で積んだ経験・スキルは、応募職でも必ず役に立つ」ということをアピールできるかどうかが勝負の別れどころです。

30代40代であれば、様々な要素を含んだ業務を行っていたというケースも多いことでしょう。回答例のように、管理部と広報部という、一見まったく異なる職種のように見えたとしても、共通の要素を見出すことはさほど難しくないのです。

5 2

もちろん、当社についてはかなり研究されてますよね？

Check!

この質問に「入ってから勉強します」は論外。30代40代は、事前の情報収集能力があって当たり前だと判断されるのです。

◇多面的な要素がチェックされている

どのような仕事でも、絶え間ない事前の学習と情報収集が重要です。ましてや、今後就きたい職種についての基礎的な学習は済んでいて当然でしょう。

さらに、この質問は予想以上に深く、「入社したいと思うなら、企業研究はしてるよね？」という単純な意味以外にも、「志望する職種への意欲」「自己研鑽に対する考え方」「今後の仕事を進めていく時に自律的に推進できそうか」といった点までもチェックされていると考えてください。

◇30代・40代回答のポイントは？

30代40代の転職者に期待されるのは、なんと言っても即戦力性です。よって、「入社してから勉強します」は通用しません。志望企業についての事前調査くらいは、応募書類を書く段階で終えているのが当然であり、その程度の行動力無くして「即戦力だ」などと思われるはずはないのです。

もちろん、言うべき回答は「御社の売上高は～、競合他社は～、今後の戦略は～」という、単なる企業研究結果の披露ではありません。それは、新卒、第二新卒くらいまでが許される回答でしょう。

左ページの回答例を見ていただきたいのですが、「だから私は、御社に魅力を感じている！」「御社のここが魅力だ。だから私は、御礼でぜひこんなことをやってみたい！」といったように、志望動機や自己PRへ自然につなげていくことが理想形だと認識しておいてください。

ケース別回答例①

『御社の強さは、人材力にあると思います』

（ホームセキュリティ会社から、同業他社へ転職）


前職にて仕事をしているときから、御社には注目しておりました。

御社の扱っているホームセキュリティサービスに対するお客様の満足度は、私の前職も含めた同業他社と比較しても、非常に高い数字をキープしておるかと思います。

しかし、失礼を承知で言いますと、システム自体が他社と比べて高性能だとか、金額的なアドバンテージが大きいといったことは、決して無いと思います。

では、なぜなのか？　御社の営業マンと何度か接したことがあるのですが、短い時間ながらも、非常に気持ちの良い人当たり、そして発言の中に鋭さを感じました。人材力こそが、高い顧客満足度につながっているのだと推測、いえ、確信しております。

OnePointAdvice

この質問は、新卒でも20代の中途応募者でも、頻繁に出てきます。ですがもちろん、30代40代として求められる回答は、若者のそれとは異なります。「何を知っているか」ではなく「こんなことを知っていて、それが御社の魅力だ→だからぜひ入社したいんです」というように、志望動機へとつなげて行きましょう。

「前の仕事の最中に、御社の人間と接する機会があり～」という話は、業務経験の長いこの年代だからこそ、説得力が増します。色々な質問に使える答え方です。

ケース別回答例②

『"経営革新"をお客様企業にもたらしたい、そう思っております』

（大手企業の監査室から、コンサルティング会社へ転職）


これまで経営企画本部、監査室での業務を経験してきましたが、その中で、コンサルティングの仕事がしたいと考えるようになり、MBAの取得を目指して学校に通っていました。そこで、教授が御社の事例を「良い例」として何度か話題に出しておりまして、それが御社に興味を持つようになりましたきっかけです。

コンサルティング会社の使命は「事業を成功に導くためのプログラムを創りあげること」だと思っておりますが、御社のそれは、緻密かつ大胆であることはもちろん、5年後10年後のマネジメントまで深く踏み込んでの支援体制が、他社との差異化の最大のポイントであると考えております。

私も、"経営革新" をお客様企業にもたらしたい。そう思っております。

OnePointAdvice

企業の監査室からコンサルティング会社への転職は、職務内容的にリンクする部分が大きいので、志望動機で困ることはないでしょう。よって、大切なのは「熱い思いを伝えるためのエピソード」です。

回答例では、自発的にMBA取得のための学校に通ったという積極性とともに、その積極的な行動の中で見つけた志望動機をアピールすることで、「業務的なつながりがあるから」という汎用的なものとは一線を画しています。

5 3

前職の経験を捨てることに抵抗は無いのですか？

Check!

異業種への転職であっても、前職での経験が全く無駄になることはあり得ません。そこをアピールする必要があります。

◆無駄になる経験など無い、と考えること

これは、仕事に対する基本姿勢を確認するために発せられる質問です。転職先でやりがいを持ちつつ業績を上げられる人材かどうかは、前職での実績含め、仕事に対する前向きな姿勢が問われます。

一見すると、新しい仕事には全く役立たないような経験でも、無駄にはせずなんとか活かす方法を考える。そんな前向きな姿勢と行動力が見られていると考えてください。

◆30代・40代回答のポイントは？

応募者の本音は、「前職に何らかの不満があり、それが解消されることを期待しての転職。異業種でも何でもいいんだ！」ということになるでしょう。しかし、それを言えば「じゃあ、当社にも何か不満があれば、また転職するんだ？」と判断されても反論できません。「不満を解消するための転職」ではなく「前も良かったけど、さらに上を目指すための転職」という、前向きな姿勢をアピールする必要があるのです。そしてその上で、「前職の経験を捨てることにはならない。活かすことができる！」という点をアピールできるかどうかが勝負です。

例えば、「前職では技術部門でしたが、エンジニアの業績改善の研修も担当しておりました。そのノウハウは、御社での人材開発業務でも必ず役立ちます」「経理管理職の業務は経営管理にも役立ちます。なぜなら、前職でも経営数字をもとに経営企画部に対してポイントとなる改善提案を出し続けました」といった回答ができれば、間違いなく評価されるでしょう。

ケース別回答例①　40代の場合

『専門知識は勉強の必要がありますが、ポータブルスキルには自信があります』

（銀行管理部から、アパレル会社マーケティングマネジャーへ転職）

新卒で入社してからの20年間、ずっと銀行でやってきました。なのに、アパレル会社である御社への転職を希望しているわけですので、「前職の経験を捨てる」と言えるかもしれません。
しかし、銀行での業務で身に付けましたコミュニケーション力・ネゴシエーション力といったポータブルスキルは、業種に関係なく、ビジネスに最も必要な基本能力だと思っております。特に、近々では管理部において、主幹事金融機関としてM＆Aに関わってきたのですが、あらゆる調整、様々な交渉、進路を決定づける情報等、多岐にわたりポータブルスキルの活用が求められてきました。
この力は自身で積み重ねたものであり、御社においてマーケティングマネジャーとして採用された暁には、十分に実力が発揮できるもとの確信します。

One Point Advice

数十年の経験から培ったポータブルスキルは、強い武器としてどの業界でも通用すること間違いなしです。専門的な知識は新たに習得しなければならないかもしれませんが、それは努力次第で何とかなります。応募先企業もそう思ってるからこそ、異業界からの応募者を面接へ呼んでいるわけです。「全業界共通のスキル」についてアピールするというのは、1つの有効手段です。

ケース別回答例②

『リソースマネジメントの能力は、業界に関係ありません』

（部品メーカーマネジャー職から、食品会社マネジャー職へ転職）

たしかに、この年齢で全くの異業種へ転職することは、大きなチャレンジであると言えるかもしれません。
しかし、私は前職で「生産ラインにおける部品の組み立て業務」に従事していたわけではありません。マネジャーの立場として、人・物・金・情報のリソースの現状把握し、その適切な配分と有効活用を考えてきました。さらに、どうすれば社員のモチベーションを上げることができるについても常に試行錯誤し、全体最適を考慮しコントロールしてきたつもりです。
リソースマネジメントの能力は、業界に関係なく、マネジャー職に必要な最大の要素だと思っております。

One Point Advice

結局のところ、この質問は「抵抗があるのかどうか」というところではなく、「未経験な分、他の何でカバーしてくれるの？」という点を問うためのものです。30代40代であれば間違いなく求められる能力の1つが「マネジメント力」であり、マネジメント力の構成要素に業界差はあって無いようなものですから、突破口の1つとして押さえておきましょう。

5　4

経験があるとのことですが、当社とはやり方が違いますよね？

Check!
同業への転職でよく聞かれる質問です。転職先で必要な経験やスキルを十分に把握した上で、理論武装しておきましょう。

◆同業他社からの転職と言えど甘く見ないこと

それなりに経験を積んだ30代40代であり、かつ同業他社からの転職である場合、転職先でもすぐに実績をあげることができると思いがちです。過去の実績や実務経験をとうとうと語り、キャリア自慢を展開する応募者も珍しくありません。

しかし、実際には「細かなやり方」「会社の風土」など、異なる点が多々あります。要は、応募者が自己過信から楽観的になってしまっていないかをチェックするための、圧迫質問だと考えてください。

◆30代・40代回答のポイントは？

大事なのは、過去のキャリアを自慢することではなく、「まずは自身をリセットし、御社でのやり方を覚えます。そしてその中で、一刻も早く結果を出します！」とアピールすることです。前職での経験ややり方にこだわらず、新しい職場でのやり方も柔軟に取り入れて業務を遂行するという姿勢を見せることが大切なのです。

「やり方が違う」という事実を、まずは素直に認めましょう。転職先の方針や手法を、まずは一から学ぶという気概を見せてください。

その上で、過去の経験を活かせることについてアピールしてください。例えば、「確かにその通りだと思います。とにかく、まずは現場の感覚を体感することに努める所存です。もちろん、前職での経験を無駄にすることなく、少しでもお役に立てればと思っております」などです。

ケース別回答例①

『最も大切な要素に変わりはありません』

（人材派遣会社マネジャーから、同業他社へ転職）

業務フローでの細かな違いはあるかもしれませんが、「人材のマッチング」が最も重要な要素であるということには、変わりありません。前職でも様々なクライアントから種々の人材へのニーズをいただきましたが、人材データベースシステムをチーム独自にカスマイズすることでマッチングの精度を上げ、高い顧客満足度をキープしておりました。

データベースシステムのカスタマイズについては、常日頃からメンバーに改善案を出させておりました。現場で十分に使い込んでいるメンバーからの声をシステムに随時反映させることで、マッチングの品質が向上でき、結果売上増に貢献できました。この経験は、御社でも必ず活かせると確信しております。

OnePointAdvice

同業他社とは言え、業務の進め方が会社によって異なります。30代40代の場合、「慣れ親しんだこれまでのやり方を変えて、ちゃんとウチになじんでくれるの？」という懸念を必ず抱かれることになるでしょう。

このような場合、回答例のように「根幹の部分は同じだ」という主旨のもと、前職での経験と実績をアピールするというのが、有効なやり方の1つです。

ケース別回答例②

『異なるやり方での経験を武器に、差異化を目指します』

（マンション管理会社から、同業他社へ転職）

郷に入れば郷に従えと申しますので、御社のやり方に一刻も早くなじみたいと考えております。しかし、現在のような景気状況においては、同じことを繰り返すだけではなく、大きな変革が必要なケースもあるかと。その場合、前職での「異なるやり方での経験」こそが逆に、武器にもなりうると思うのです。

例えば、前職特有のやり方の1つなのですが、四半期に一度、本店営業のスタッフが中心とした営業店対抗の「グレードアップサービス大会」なるものを開催しておりました。これは私の企画でして、新しいサービスの創出を意図するもので、お客様の満足度調査の値の5年連続向上に、大きく貢献したと自負しております。

こういった「前職特有の経験と実績」も武器にして、これからは御社で実績を積んで行きたいと思います。

OnePointAdvice

柔軟な姿勢も大切なので、その会社のやり方を一度は受け入れることをまずは伝えましょう。しかし、30代40代であるなら、協調性や順応性だけをアピールしても足りません。回答例のように、「異なるやり方を知っているからこそ即戦力となる」という方向からのアピールも有効なのです。

5-5 転職回数が多いようですね

◆ハンデになってしまう場合は？

転職回数が多いかどうかは、業種、年齢により異なりますが、一般にはキャリアと考えられるのは3年以上の勤続です。転職理由にもよりますが、3年以上の勤続が無く、3回以上の転職回数があるなら、間違いなくハンデになると考えてください。特に、短い勤続で数社を転職している場合には、「なんらかのトラブルを起こしたのではないか、我の強い性格なのではないか」と、色眼鏡で見られたりもします。

◆30代・40代回答のポイントは？

3年以上の勤続があり、転職の理由がやむを得ないことであれば、ハンデとはなりません。例えば、会社倒産などはやむを得ない理由です。その場合、理由を簡潔に述べ、しかも前の会社の悪口を決して言わないことが大切です。例えば、「写真業界の2社目と3社目では、仕事は自分の希望通りのものであり、当初は活気もやりがいもありました。しかし、デジタル化の波に押されマイクロフィルムそのものが不要になり、会社も倒産寸前となりましたので退職しました」といった答え方です。

さらに、目的が明確で戦略性を持った転職であれば、武器にさえなります。例えば、「最初の会社では、新築の売り上げで社内トップを連続3回取ったこともあります。しかし、教育系の部署へ転属となりまして、それを機会に円満退社しました。その後2社の転職をしたのは、建築様式が異なる会社で技術を学び、将来建築コンサルタントになり良い住宅を求めるお手伝いをしたいと考えたからです」といったアピールは、好意的に捉えられるでしょう。

Check!

理由がある転職であれば、回数はそれ程ハンデにはなりません（限度はありますが）。逆に、武器にもなり得るのです。

ケース別回答例①

『一貫したキャリアを積んできたつもりです』

（外資系証券会社から、ネット系証券会社へ転職）

御社で3社目となりますが、1社目が国内証券会社、2社目が外資系証券会社と、いずれも証券会社です。1社目では、営業で5年、投資チームで5年の経験を積んだ後、チームリーダに抜擢されました。2社目の外資系へは、投資チームリーダーとしての実績を買われ、ヘッドハンティングで転職するに至りました。

2社目では8名の部下を持たせていただきまして、常に高い運用益を創出し続けることができたと自負しております。しかし、世界同時不況により日本市場から会社が撤退することになりまして、再度の転職を余儀なくされました。

国内証券と外資系では、やり方も価値観も随分と異なっていましたが、その両方を吸収できたことは、私の大きな財産だと思っております。

One Point Advice

転職回数が多いことがマイナスになるのは、キャリアに一貫性が無い場合です。「メーカー➡証券➡小売り」といった転職内容であれば、単に堪え性の無い人間だと判断されても仕方がありません。その場合、若くはないという事実は、そのままマイナス要素となります。しかし、回答例のように「転職回数の多さが、むしろプラスになるような一貫性」があれば、逆に武器となり得るのです。（もちろん、常識的な転職回数であるに越したことはありません）

ケース別回答例②　30代の場合

『堅調にキャリアを積み重ねてこれたと思います』

（中堅住宅メーカから、大手住宅メーカへ転職）

新卒時に入社した会社は、社員20名程度の規模でした。そこで、見習い建築士としての経験を積ませていただきつつ、一級建築士の資格を取るべく、寝食を惜しんで猛勉強いたしまして。なんとか無事に、合格することができました。

そのかいもあり、同業界の中堅どころの会社から声をかけていただきまして、最初の転職をいたしました。3年目には、設計の仕事でグッド・デザイン賞をいただくことができ、また5年目には室長へ昇進させていただきました。

たしかに、30代でありながら、今回の転職は二回目となります。ですが、建築士として堅調にキャリアを積んでこられたと自負しております。今回の転職を最後とし、御社に骨をうずめたいと思います。

One Point Advice

中小➡中堅➡大手というステップアップは、複数転職の理想形でもあります。但し、「より大手へ行きたい」という大手志向な心情を見せるのは御法度です。これまでの経験から、自身に何が備わってたのか、明確な説明が求められます。

逆に、この点をきちんとアピールできれば、複数転職によって得たキャリアは「20代には真似できない武器」ともなるのです。

5 6 転職経歴に一貫性が無いのではありませんか？

Check!
転職の度に違う職種に就いていると、必ず出る質問です。業界・職種が違っていても一貫性がある転職であることを伝えましょう。

◆本当に一貫性が無いのか？

転職の度に違う職種に就いていると、履歴書だけ見てみると異なる業界、異なる職種に就き一貫性が無いように思われます。面接官は詳しく職務経歴を分析するわけではないので、パッと見での印象が大きいのです。これは、おおきなハンデとなります。

最初に「一貫性が無いな」と思われると、いくらアピールしても先入観から「当社もすぐ辞めてしまうかもしれない」と思われてしまいます。自分の転職理由を思い出して、本当に一貫性が無いのかどうか、あらためて考えてみましょう。

◆30代・40代回答のポイントは？

業界・職種が違っていても、「自分なりに仕事をする上で役に立つ主体的な行動であること」を伝えることができれば問題ありません。

例えば、自動車整備工、中古車販売会社の事務職ときて、その後、病院勤務、素材メーカーの経理職への転職だったとしましょう。その場合、「確かに業界も職種も一見するとばらばらのように見えますが、もともとは珠算2段で計算や細かいことが得意でした。車も好きでしたが、自動車整備の傍ら、簿記2級の資格をとり、中古車販売会社では事務職でしたが経理上の改善提案にも携わっておりました。この間にすこし身体を壊してしまったのですが、失業中に医療事務資格を取り、それを活かして病院でも勤務いたしました。ただ将来を考えて、再度得意な経理を一生の仕事と考え志望しております。なお、現在は簿記1級を目指し勉強中です」といったことを言えれば、全く問題無いわけです。

ケース別回答例①

『未経験な業界への転職だとは思っておりません』

（広告会社➡広告会社➡IT会社営業部へ転職）

前職、前々職と広告会社におりましたので、なぜだと思われるかもしれませんが、私は「未経験な業界への転職」だとは思っておりません。
広告会社では、クライアント企業の営業の方と二人三脚で仕事を進めていくことになります。その際、私はクライアント企業の業界の人間になりきるのです。加えて、私の担当の8割はIT系の企業でしたので、IT系の営業の方が何を考えているのか、そして何を求めているのかを常に考え、宣伝に関する提案をさせていただいておりました。よって、IT業界が未経験のフィールドだとは、個人的には全く思えないのです。そして、宣伝畑の視点は、御社にて質の高い営業を行う際の、大きな武器になると確信しております。

OnePointAdvice

転職回数が多く、しかも「同業界で統一」ではない。これは、普通に考えればかなりのマイナス要素となります。特に、30代40代の場合は必ず、「なぜ、この業界への転職なのか」について、キャリアに関連する理由付けが求められます。
回答例では、「宣伝畑から営業畑へ」「広告会社からIT会社へ」という2つの要素について、業務経験に基づいた理由付けを行っています。

ケース別回答例②

『接客の基本をたたき込まれたことも、大きな武器になると思います』

（小売の販売➡ネット通販会社➡情報セキュリティ会社へ転職）

現職ではマネジャー職に就いておりまして、かなり規模の小さい会社でしたので、商品の発注から在庫管理、顧客管理、そしてデータベースのセキュリティ管理まで、ほとんど便利屋のように担当しておりました。
特に、セキュリティ管理については、会社の命運を左右する重要な要素であり、しかし私は専門家ではなかったので大変でした。スタッフを集め勉強会を実施し、セキュリティの社内サイトを立ち上げ、また自身ではISMS審査員補の資格も取得しております。そうこうしているうちに、セキュリティの知識を使う側から提供する側へ変わりたいという思いが募るようになった次第です。また、最初の会社で接客の基本をたたき込まれたことも、「提供する側」としては大きな武器になると思っております。

OnePointAdvice

一見すると「一貫性がない」と思われそうな経歴の場合、「プラスになる共通性」を見つけられるかどうかがポイントです。
回答例の場合、「ネット通販会社→情報セキュリティ会社」という流れは全く違和感が無いとして、問題なのは一社目。しかし、接客のスキルが全く求められない業界・業種はありませんので、プラスαの売り要素としては理想的だと言えます。

5 7 前の職場をすぐ辞めていますが、なぜでしょうか？

Check！
極めて短期間で退職している場合には、何らかのトラブルを起こしたのではないかと不安を抱かせます。そこを解消してください。

◆不平不満を言わないこと

短期で止めた理由が、会社倒産や業績悪化への懸念にあるのであれば、その事実を簡潔に話せば良いでしょう。その際に気を付けることは、前職に対する不平不満を言わないことです。「前向きな転職」のアピールには、不平不満は必要無いのです。

◆30代・40代回答のポイントは？

過去のことについて、今さらあれこれ言っても意味がありません。転職を決意した事情は色々とあるかと思いますが、それが「会社での人間関係」「会社の仕組み」といったところに原因があったとしても、転職面接の場で言うべきことではないのです。

最も有効的なのは、「家庭の事情で、やむを得ず早期退職となった」という理由付けをすることです。

例えば、「実は、母が病気で倒れてしまい介護が必要になりました。会社の仕事はやりがいもありましたが、他に頼れる親族もいないためやむを得ず退職して介護に専念いたしました」、あるいは「札幌から東京に単身赴任をしており、5年間は戻れる見込がありませんでした。しかし、妻一人に両親の介護を全て任せるわけにはいきませんので、東京での勤務を希望し退職いたしました」といった理由であれば、早期退職もやむを得なかったのだと理解してもらえるでしょう。

大切なのは、いずれの場合も「現在は、その障害は解決されている」「現在は、その障害を解決できる目安がついている」という点もアピールすること。次の仕事に向けて、心機一転がんばります！という抱負を、前向きに語ってください。

ケース別回答例①　30代の場合

『出向先でのプロジェクト早期終了を、良い機会だと考えました』

（パッケージソフト会社から、IT会社へ転職）

前々職では、システム開発部門で主に法人系の基幹システムを提供していたのですが、パッケージソフトのカスタマイズが主な業務内容でしたので、もっと大規模な金融系、公共系のシステムの開発を経験したいという思いを常に抱いており、実際に転職も視野に入れておりました。
そんな時、パートナー企業からPMを任せられる人材が欲しいという打診があり、私がPMとして出向しました。しかし、プロジェクトの変更があり、当初3年の予定が1年で片がついてしまいまして。そのまま別のプロジェクトに携わるか、また元の会社に戻らないかというお話もあったのですが、良い機会だと思い、すぱっと退職し転職活動を始めた次第です。

One Point Advice

早期退職の理由が、「少しの不満にも耐えられないから」「能力が不足しているから」のどちらかだと思われてしまっては、特に30代40代であれば完全にアウト。回答例のように「能力的には、むしろ引き止められていた。しかし、もともと転職を考えていたところ、良い機会と捉えられる出来事があり～」という流れで理由を説明できることが理想です。

ケース別回答例②

『前職への転職は、家庭の事情によるものです』

（地元の家電会社から、首都圏の大手同業他社へ転職）

父親の入院が理由なのですが、Iターンのつもりで前々職の会社を退職いたしました。そして、前々職では新規商品の開発を担当していたのですが、その経験を買われ、地元の同業他社の開発部へ転職したのです。
しかし、会社の規模や、対象とする市場範囲の差からすると仕方がないことなのですが、新しい商品を開発する際の制約が非常に多く、また開発部員が営業も兼ねるというようなところもありまして。商品開発に思うように集中できないこと、そして父の回復が予想以上に良好だということもあり、両親ともども上京して、御社への転職を希望させていただいている次第です。

One Point Advice

「転職先の仕事環境が悪く、自分の思うように仕事ができないから」というのは、マイナスに取られかねない早期退職理由です。しかし、回答例のように「前々職から前職への転職には、やむを得ない理由があった」という前提があり、かつ「前職は早期退職になってしまったが、能力には自信と実績がある」という裏付けがあるのなら、正直に言ってしまっても良いでしょう。
もちろん、回答例ではこの後に、具体的な実績について厳しく見られることになります。

5-8

応募条件の資格を取られていないようですが？

Check！
条件資格と同等、あるいはそれ以上の知識と経験を有していること。そこをアピールできるかどうかが勝負です。

◆まずは事前確認を！

まずは必ず、「応募条件となっている資格を有していないのだが、応募しても問題は無いか」という点について、事前確認を行ってください。ここで、問答無用に拒絶されるのであれば、応募する意味はありません。では、「とりあえず、応募種類を送って欲しい」という反応だった場合、どうすべきでしょうか？

◆30代・40代回答のポイントは？

20代の応募者であれば、「条件資格は持っていません。でも、必ずすぐに取って見せます！」というやる気を見せることで、採用されることもあるでしょう。

しかし、30代40代の場合、もちろんやる気を見せることは必要ですが、それと共に「応募資格と同等の資格、あるいはそれに代わる知識と経験がある」という点をアピールせねばなりません。言うまでもありませんが、「応募資格が無いことは、事前に了承を得ているはずですが」などという開き直りはＮＧです。採用側は、「資格に代わるスキルや経験があるのなら、資格取得は後付けになってもいい」と、好意的に見てくれているわけですから。ですのでもちろん、「条件資格についても、近々で絶対に取る」という確約も必要となります。

例えば、「まだ社会保険労務士の資格は持っていませんが、知人の社会保険労務士事務所で3年働いており、補助業務として、給与の計算、保険料の計算や書類のチェックを行っておりました。ですので、すべての書類作成実務の経験があります。また今年の8月には、2回目の挑戦となる試験が控えておりますが、必ず合格いたします」といった答え方です。

ケース別回答例①　30代の場合

『同等の資格を取得しており、実務経験もあります』

（人材派遣会社から、人材紹介会社へ転職）

応募条件としてのキャリア・カウンセラーCDA資格は取得していませんが、同等のGCDF資格は取得しております。
現職の派遣会社では、入社から7年間は営業を経験してきましたが、もともとキャリア・コンサルタントの業務を希望しておりまして、GCDF資格は5年前に取得し、キャリア・コンサルタント業務も5年半の経験を重ねてきました。営業部にいる時から、登録スタッフの希望と派遣社員を求めるお客様企業の要望のマッチングが、双方の満足度を高める意味で重要であると考えておりました。
また現在は、新任のコンサルタントのインストラクションも実施しています。このような経験から、遜色なくコンサルタント業務を実施できる自信があります。

One Point Advice

回答例のように、資格においての優劣が一般にはない場合は、「同等の資格を所有しています」で全く問題ありません。さらに、「所有資格が前職でどのように活かされていたのか」についても、忘れずにアピールしておきましょう。
また念のために、応募条件となっている資格を今後、取得する必要があるのかどうかについては必ず確認しておいてください。

ケース別回答例②

『今月中には取得できます。また、CCIEにも挑戦していきたいと考えてます』

（IT会社から、通信会社へ転職）

現職の会社では、システム開発経験5年、ネットワークセンターで7年の経験があります。現在はCCNA資格を保持しており、現センターではCisco社製品の設計・構築、保守・運用を請け負っている関係で、CCNP資格と同等のスキルは有している考えます。もちろん、御社指定のCCNP資格取得にも挑戦中で、今月中には残りの1科目に合格し、CCNPを取得できる見込みです。
また、近い将来にはぜひCCIEにも挑戦していきたいと考えております。現在はネットワークセンターでの業務に従事していますが、ネットワークに関しては、さらに上位レイヤーを目指します。

One Point Advice

条件資格を有していない場合、「条件となっている資格を取るために現在勉強中であり、近い将来、取得できる見込がある」という状態であることが絶対条件です。さらに、「●●という資格なら有しており、それが応募先でも役に立つ資格であること」「さらに、◎◎という資格も取るつもりでいること」といった点をアピールできれば、現時点で資格が取れていないというマイナス要素は、全く問題にならないでしょう。

5　9

当社では、あなたがお持ちの資格を活かせないと思うのですが？

Check!

「取得の際の努力」「新しい仕事にも活かせるであろう要素」、この2つについてアピールできるかどうかが勝負です。

◆難関資格はハンデになる場合も

志望している次の職種には直接関連のない資格を持っている場合、特にそれが「習得が難しい資格」であればあるほど、そのことが逆にハンデとなってしまう場合があります。

なぜなら、普通に考えれば「せっかく苦労して取った難関資格なのだから、それを活かせる仕事をやりたいと思ってるはず。当社は腰掛けで、近い将来にべつの会社へ移ろうと思っているのでは？」という懸念につながってしまうからです。

しかし、だからと言って「応募職種に関係が無さそうな資格なら、履歴書に書かない方が良い」ということではありません。難関資格を取得したという事実は、間違いなく高評価につながります。

◆30代・40代回答のポイントは？

では、どうすれば良いのか？

ポイントは、所得資格のそのものの価値ではなく、アピール点を「忙しい中でも、これだけの努力をしてきたんです！」という面に持ってくることです。さらに、「この資格で得た知識は、実は新しい仕事でもこんなところに役立つはず」というアピールもできれば、難関資格を所有しているという事実は大きな武器と化すでしょう。

後者のアピールについては、多少の「こじつけ」が必要ですので、なかなか難しいかもしれません。ケース別回答例で2つの例を紹介していますので、参考にしてみてください。

ケース別回答例①　30代の場合

『直接的ではないかもしれませんが、武器になりえる知識です』

（IT会社から、家電メーカー営業部へ転職）


一昨年に、ビジネスキャリア検定の経営情報システム1級を取得いたしました。これは、現職においては業務に直結している資格です。

情報システムの仕事は、「情報化戦略を立案し、その実現に向けてシステム化を推進すること」と思われがちですが、「業務の分析・評価・改善」という要素も多分に含まれています。

そしてこの要素は、営業職において販売戦略を立てる際にも、必ず求められることなのではないでしょうか？

今回私が応募させていただいた商品営業の業務において、直接的ではないかもしれませんが、武器の一つとして活用できる知識だと確信しております。

One Point Advice

余程のマニアックな資格でない限りは、取得の際に得た知識が業務上まったくプラスにならないということはありえません。「この知識は、こういう点で新しい仕事に役立つ！」という方向に持っていくのが難しければ、「仕事で忙しい中、時間の調整をつけて努力をし、その上で取得した」という点を前面に出すというやり方もあります。

ケース別回答例②

『コーチングは、自身のスキルアップにこそ有効です』

（通信会社営業部マネジャーから、同業他社へ転職）


現職では、3年前にマネジャー職に就いたのですが、その時にコーチング資格の一つを取得いたしました。取得いたしましたのは、部下の育成とチーム力の向上はもちろんですが、それ以上に自身のスキルアップが最たる理由です。

人の教育・育成は、自身の向上にも直結すると思っております。コーチングは、「自身の向上→それに引っ張られて部下も向上する」という流れを生み出すための方法論だという認識です。よって、自身の向上ありきです。

御社には、管理職としてではなく、一営業部員として応募させていただいております。よって、「部下の育成のための資格」という意味では、当面は役に立たないでしょうが、私自身の戦力アップとしては十分に意義のある資格となっております。

One Point Advice

例え「管理職ではない、一営業部員」としての応募であっても、30代40代であれば将来的に管理職となることを期待されるのは間違いありません。

回答例ではそこまで語られていませんが、「将来は部下を持つ立場になり、最適な教育・育成を行うことでチーム力を高めたい」といった意欲も、アピール材料の1つとなります。

5 10

職場での年齢差は気になりませんか？

Check！
職場の年齢層が若く、年齢差が大きい時に聞かれる質問です。仕事と年齢は関係無いことを、事例を示して語りましょう。

◆そんな環境でうまくやれるの？という懸念

法律上では、年齢制限は原則禁止となっています。

しかし実際には、採用側は年齢を制限しているのが普通でしょう。そして、年齢制限する場合は、そのほとんどが書類選考で落とされることになります。

しかし、もしも書類選考をパスできた場合は、少なくとも「この実年齢で問題無し」と判断されたわけです。あとは面接の場で「申し分のない経験と実績」「良い意味での落ち着き」「若々しさを感じさせる雰囲気」をアピールすることができれば、例え「30代まで」という募集に40代が応募したとしても、採用される可能性は十分にあるでしょう。

採用側には、常に「かなり年下の後輩や部下。上司も年下。そんな環境でうまくやれるの？」という不安があります。そのハンデを乗り越えるためには、おおげさなくらいに「問題無し」ということをアピールしてください。

◆30代・40代回答のポイントは？

例えば、「前職では、社長も30代で、社員の平均年齢は20代でした。また、私の直属の上司は、私よりも3つ年下でした。しかし、そのことをマイナスに感じたことはありません。仕事外では、年長者として上司からプライベートな相談を持ちかけられたこともあったくらいです」といったエピソードを披露すると良いでしょう。

もちろん、採用された暁にはあくまで「新人」として、殊勝な気持ちで仕事に臨んでください。

ケース別回答例①　30代の場合

『以前の職場でも、年上の部下がおりました』

（Web制作会社から、同業他社へ転職）

年齢差を気にして仕事をしたことは、全くありません。前職では、入社してから7年目でチームのリーダーになったのですが、その際、部下に40代の方が二名おりました。最初は年齢差を気にしたこともありましたが、こちらから誠心誠意接することを心掛け、業務の指示を行ってきました。逆にその方たちから、アドバイスを受けることもあり、良い関係であったと記憶しています。

大切なのは、上司と部下、先輩と後輩といった関係を年齢で区切ることではなく、人間としての礼儀、誠意だと思います。仲良しサークルではありませんので、年齢層の幅広さは、多様な意見を聞ける場が増えるということで、むしろプラスの要素だと思っております。

One Point Advice

「年上の部下」「年下の上司」「大きく年の離れた若い部下たち」と、色々なパターンが考えられますが、要は協調性と順応性を見られているわけです。特に、応募者の年齢が上がれば上がるほど、この点が懸念材料となります。年齢差はまったく気にしないことを、率直に伝えてください。年功序列の時代が終わってしまった以上、年齢を上下関係の基準に置いてはいけないのです。

ケース別回答例②　40代の場合

『褒める・叱るで、コミュニケーションを図ります』

（コールセンター会社から、クレジットカード会社へ転職）

コールセンターでは、若手はアルバイトの学生さんから、20代の契約社員、派遣社員を多く採用しています。ときには、親子ほどの年の差もありました。

しかし、「プロ意識を持って仕事に取り組む」という点で、年齢は全く関係ありません。よって、仮に20才そこそこの部下であっても、育成は厳しくやってきたつもりです。

と言いましても、それなりの気遣いは必要です。私は、「褒める・叱る」のメリハリを大きくし、特に「褒める」に関しては、大げさなまでに徹底して行いました。このやり方は、特に若い部下には好評だったようです。「認められて嬉しい」という感情に、若いも年輩も無いと思っております。

One Point Advice

回答例1は「年上の部下」でしたが、こちらは「もの凄く若い部下」です。頭ごなしに部下を服従させる時代ではありませんので、ジェネレーションギャップを乗りこえられるかどうかは、特に40代の場合、強く見られることがあります。「褒める・叱る」はコミュニケーションの代名詞です。褒めることでやる気に繋がりますし、叱ることで気付きに繋がり改善できます。老若男女を問わず、わかりやすいやり方の1つでしょう。

5 11

この転職に関して、ご家族はご存知ですか？

◆予想以上に厳しく見られている

どの様な理由にせよ、転職は家族にとっても影響があります。昨今では、リストラによりやむを得ず転職活動を行っている人も多いわけですので、転職活動自体について、家族に一切知らせていないというような人も多いことでしょう。

しかし、採用側からしてみれば、新しい業務に専念してもらうには、家族の協力は必須事項です。家族の反対があれば、せっかく採用しても、辞退される可能性すら有り得ます。

よって、家族の協力を得られているかどうかについては、予想以上に厳しく見られているのです。これは、何らかの理由で退職後、しばらく休んだ後に復帰する場合にも同様です。

◆30代・40代回答のポイントは？

家族との関係が良好だと伝えることは、人間としての誠実さや前向きな態度を示すことにもつながります。

たしかに、リストラによる転職だった場合、家族に言いにくいでしょう。しかし、これも隠すことなく転職活動をしていることを伝え、加えて、前職の不平不満を言うのでなく、新たな職場の志望理由を述べることで、より前向きな態度を示すことができるのです。

例えば、「現在の自分にとって、前職では基礎的な技術や知識を身に付けることができ、大いに意義のある職場だったと感じております。これらのスキルは、御社でも必ず役立つものだと確信しております。もちろん、家族の理解も得ての転職活動です」など、積極的な姿勢を示すことが大切です。

Check!

転職活動については、家族に言いにくい場合もあるでしょう。しかし、家族の協力は絶対に欠かせないことを理解してください。

ケース別回答例①　30代の場合

『もちろん、妻にも子供にも伝えてあります』

（食品会社から、同業他社へ転職）

家族には、今回の転職活動について逐一知らせるようにしています。妻はもちろん、小学生の子供にも「なぜ転職しようとしているのか」について、分かりやすく説明しています。

会社でも同様かと思いますが、上司に内緒事が多ければ、部下との信頼関係が危うくなりかねないですよね？　家族も同様です。特に子供は、親の状況を本能的に察知しますので、余計な不安は絶対に与えたくありません。

御社では、転勤もありえると思っております。そんな時は、まずは家族からの協力が何よりも必要となりますので、隠し事は絶対にしないと決めております。

One Point Advice

転職は、ある意味では「人生をかけた博打」だとも言えるので、家族が反対するというケースは珍しくありません。あるいは、「前の会社は既に辞めているが、そのことを家族に言えないでいる」ということすら、昨今の不況下ではありえます。

ただ、この質問は、そのような現状を聞きたいということではなく、人間性を見るのが目的です。家族への誠意、そして前向きな姿勢をアピールしてください。

ケース別回答例②

『会社都合による退職のことも含めて、全て伝えてあります』

（建設会社から、同業他社へ転職）

前職は会社都合による退職となったわけですが、そのことも含めて、すべて家族に伝えてあります。

もともと、世界同時不況と自身の年齢も考慮して、早晩こんなこともあろうかと在職中から転職先の候補を調査し、退職以前から御社への転職を希望しておりました。

むしろ、前の会社を退職することにならずとも、自発的に御社への転職を希望していたと思います。

よって、退職直後も悲観的な思いは全くありませんでしたので、家族を不安にさせることなく、今後どうするつもりなのかについて建設的に話し合えたのではないかと思っております。

One Point Advice

たしかに、この質問は「人間性を見るのが目的」ではありますが、前職をリストラによって辞めているのであれば、プラスαのアピールも盛り込みたいところです。

回答例では、「前から御社に転職したかった。決して、リストラがきっかけではない」という点を強調することで、前向きな志望の意欲を伝えています。

5 12

健康状態に問題はありませんか？

◆精神的な強さも含めた健康状態が問われる

一般的に、中高年は健康状態に不安を抱えていることが多いものです。さらには、転職後の職場では激務が待っている場合が多いので、健康面を重視されるのは当然でしょう。

特に30代40代は、個人の業務は当然のこととして、チームのマネジメントが必要な場合が多いため、自ずと勤務時間も長くなりがちです。精神的な強さも求められ、これらを含めた健康状態を細かく見られることになります。

「ずっと立ち仕事が続きますが大丈夫ですか？」なども、健康上の問題が無いかの質問です。仮に病気療養後の職場復帰であっても、通常勤務に支障が無ければ、きっぱりと問題が無いことを伝えましょう。

◆30代・40代回答のポイントは？

単に「問題ありません」と答えるだけでなく、健康に留意している具体的な行動を語ると尚良いです。あるいは、通常業務に支障が無いばかりか、むしろ規則正しい生活を継続しているために体調が良いこと等の事実を伝えましょう。この場合は、当然ながら表情や声のハリ等が観察されます。話す内容と実際の立ち振る舞いにギャップが出ないよう、気をつけてください。

さらに言えば、そこから「仕事の効率アップ」に話をつなげていければベストです。例えば、「早朝に出勤すれば通勤時間も短くすみます。また、早朝だと自分だけの時間がとれて能率も上げられます。そうすれば残業も最少に抑えることができ、プライベートで健康面に気を使える時間も増えるでしょう」のような言い方です。

Check!

健康は全ての基盤となりますが、中高年は身体にガタが来始める時期です。きっぱりと、激務に耐えうることを伝えましょう。

ケース別回答例①

『毎週日曜日、欠かさず走り込んでいます』

（アパレル会社から、同業他社へ転職）

健康管理には、気を使っている方だと思います。学生時代はずっと陸上部にいたのですが、社会人になってからもジョギングはずっと続けており、毎週日曜日に公園で10km程度走っています。
走っていると身体の調子もすぐにわかりますので、なかなか良い健康法だと思っています。また、当たり前かもしれませんが自社のブランドを颯爽と着こなしたいと思っておりますので、体型維持のためにもトレーニングは欠かせません。
おもしろいのは、走っている時に仕事のアイデアも湧いてくるということです。好きなこと、気持ちの良いことなので、リラックスして新しい発想に繋がるのかもしれません。つまり、走ることで身体と脳の活性化を図っているのです。

OnePointAdvice

茶を濁す質問に思えるかもしれませんが、成人病の発症年齢が総じて下がってきている昨今、そして「不況により人員数を最低限におさえている企業が多い＝一人ひとりの負担が大きい」という状況下ですので、真剣味のある質問だと捉えるようにしてください。
もちろん、「健康管理をしっかりと行っている＝自己管理をきちんとできる人材」という図式も成り立ちますし、回答例のように少しユーモアを交えることができれば尚良しでしょう。

ケース別回答例②　40代の場合

『心身ともに充実しており、すこぶる健康です！』

（生命保険会社から、同業他社へ転職）

心身ともに充実しており、すこぶる健康です。身体の調子は非常に良いと感じております。若い頃は4～5時間睡眠が続くとすぐにバテていましたが、40才を過ぎたあたりからは、むしろ睡眠時間が短くてもしっかりとこなせるようになりました。おそらく、仕事もオフタイムも充実しているからだと思います。
年齢とともに仕事のハードルも高くなってきましたが、仕事を全力で片づけた後は、ゴルフや旅行で気分転換を図っています。もちろん、仕事が主であることは間違いありませんが、仕事外の時間をいかに充実させ公私にメリハリをつけられるかが、仕事のやる気に繋がるのだと思っています。

OnePointAdvice

40代は、身体のいたるところにガタが来始める年齢です。よって、回答例のように、大げさなまでに「良好な健康状態、心身共に充実した生活」をアピールするのも時には必要です。エネルギーを感じないくたびれた中年を、中途で採ろうという会社など無いのですから。
もちろん、「良好な健康状態、心身共に充実した生活」のアピールだけでは「いい加減な人」と取られかねませんので、その他の質問において、仕事面でのアピールがきっちりとできていることが前提です。

5 13

お子さんが小さいようですが、病気のときはどうしますか？

Check!

幼児や小学校低学年の子を持つ親に対し聞かれる質問です。実際に病気になった時の緊急体制が整っていることを伝えましょう。

◆緊急時の対応について明確にすること

現代は、「育児は妻がやること」という概念がほぼ無いと言っていいでしょう。共稼ぎは当たり前ですし、「男親も育児を半分担当する。だから、小さい子供の健康状態が、男の仕事にも関わってくる」というケースも珍しくありません。ましてや、「小さい子供を持つ女性」の転職面接も、普通の出来事なのです。

しかし、会社としては子供の病気での欠勤や遅刻が頻繁にあっては困ります。また、急な出張や残業に対応してもらう必要もあるでしょう。

よって、小さい子供を持つ応募者は、緊急時対応についての体制を明確にしてください。家族の協力や時間外の保育園の存在など、具体的な対応策を伝えることが求められます。

◆30代・40代回答のポイントは？

とは言え、完璧な対応はまず無理でしょう。多かれ少なかれ、会社に迷惑をかけてしまうことが出てくるかと思います。よって、「むしろ子供がいることで、能率を上げる意識が高まった」ということをアピールするのも、1つの方法です。

例えば、「自身の能力を上げると同様に部下の育成に努め、一部の権限を委譲したり、代理での業務推進を可能にする体制を考えてきた」「部分的に自宅で業務を行えるような仕組みを作った」「案件の優先順位の付け方、スケジュールの組み方について、徹底的に見直し合理化を図った」などなど。ハンデがあるからこそ、会社に迷惑をかけないようにこれだけの創意工夫を行ってきた！というアピールは、かなり効果的なのです。

ケース別回答例①　30代の場合

『近くに住む両親にも、協力をお願いします』

（証券会社から、同業他社へ転職）

子供は4才ですが、地元の保育園に預けております。当然、少しでも具合が悪くなれば園から呼び出しがかかりますし、それが朝の時点でわかれば、預かっていただくことはできません。
ただ、幸いにも私の両親が近所におりまして、二人とも健康状態は良好です。両親は、二人とも仕事をしておりましたので、私の面倒はずっと祖母が見てくれておりました。ですので、私の仕事についても、全面的に理解を示してくれております。
急な対応が必要な際には、両親に協力をお願いするつもりです。もちろん、時にはご迷惑をおかけしてしまうこともあるかもしれませんが、誠心誠意、全力で頑張りたいと思います。

One Point Advice

現代は、共働きが当たり前の時代です。よって、「保育園からの呼び出し」「子供の病気による、急な欠勤」は、企業が気にする要素の1つとなります。そして、これは女性に限った話ではありません。
祖母・祖父に面倒を見てもらえる環境というのは理想的ですが、あまりも「全面的に面倒を見て貰えます！」とすると、悪印象を持たれる可能性もあります。回答例のように、「両親 "にも" 協力してもらう」程度にしておいた方が無難でしょう。

ケース別回答例②

『妻が専業主婦のため、問題無いと思います』

（製薬会社から、同業他社へ転職）

子供が病気になった場合ですが、妻は専業主婦ですので、基本的には妻に対応を任せることになります。
結婚当初は妻も勤めに出ていましたが、2番目の子供ができた時に会社を辞め専業主婦となりました。ほんの小さいうちに保育園に預けるより、やはり愛情一杯に育てたいとのことからです。経済的にも何とかやっていけそうでしたので、妻が家庭に入るのは私も賛成でした。
ただし、妻に任せきりではなく、大切な子供が病になるのだから、精一杯のことはしてあげたいと考えます。土日の自分の時間を有効に使うことで、私も子供の面倒を見ていくことができると思っています。

One Point Advice

昨今では、共働きの家の方が多いくらいですので、男性であってもこの質問を受けることがあります。回答例のように、妻が専業主婦であれば全く問題無いわけですが、あまりにも「妻が面倒見るんだから大丈夫！」としすぎてしまうと、人間性を疑われることに。家族を大切に思っているという心情を、うまくアピールするようにしてください。

5 14

当社でやって行くのは、あなたでは難しいのではないですか？

Check！
一種の圧迫面接のように思えますが、入社意慾を確認するための質問と言えます。冷静に入社意慾を伝えましょう。

◆圧迫質問もポジティブに捉えること

採用側は「どれだけの入社意欲があるのか」について、常に気にしています。よって、このような「全否定されているような質問」を受けたからと言って、あっさりと「仕方がありません」といった素振りを見せてしまっては、入社意欲を疑われるばかりか、やや思慮の足りない人とも思われてしまいかねません。

書類選考を突破している以上、圧迫的な内容の質問も「採る気が全く無いなんてこと、あるはずがない。意欲を見るために、あえて厳しい聞き方をしているんだ」とポジティブに捉え、前向きな受け答えに徹してください。

◆30代・40代回答のポイントは？

20代の応募者と、30代40代の応募者の最も大きな違いの1つが「厳しい場面での経験値」です。よって、否定的な内容の質問に対する受け答えこそ、20代の応募者に差を付けるチャンスだとも言えます。

例えば、「今は、不採用となることについては全く考えておりません。御社について十分調べた結果、御社で是非働き、お役に立ちたい、お役に立てそうだと考えております。いままでの回答を通し、私の熱意を感じていただけたら幸いでございます」くらいの熱いセリフがすぐに出てくるような図太さこそが、中高年ならではの魅力なのです。

そこから更に、前職でのエピソードを交えた自己PRへとつなげていければベストでしょう。左ページのケース別回答例を、ぜひ参考にしてみてください。

ケース別回答例①

『中小企業だからこそ鍛えられるスキルというものがあると思います』

（中小の電子機器部品会社から、同業の大手へ転職）

たしかに、御社に比べて今の会社は規模が小さく、扱う取引の金額も小さいかと思います。ですが、人員の少ない中小企業だからこそ鍛えられるスキルというものが、確実にあると思っております。
前職では、営業課長を任されておりました。ただ、課長と言いましても、実際はほとんど「何でも屋」でして。新商品のマーケティング調査、仕入先との交渉、お客様へのプロモーション、収支管理に至るまでと、幅広い業務の経験を積むことができました。これは、中小企業ならではの強みだと思っております。
自身の企画力、交渉力、機動力には自信があります。また、「営業」という仕事の範疇を越えたスキルを備えている自信もあります。
即戦力として、ご採用ください。

One Point Advice

30代40代と言えど、圧迫面接は普通にありえます。自身の実績を武器に、自信を持ってはねのけてください。回答例では、「ウチのような大手でやっていけるの？」という質問に対し、逆に「中小だからこそ身に付けられたスキル」を武器に、自身の価値をアピールしています。

ケース別回答例②

『情報収集とトレーニングで力を維持しました』

（PCメーカーのコールセンターから、外資の同業他社へ転職）

育児のために2年間離職しておりました。このブランクは、御社にとって懸念材料であるかもしれません。
しかし、前の会社を辞めた時点で、既に近々での復帰を視野に入れておりました。そのため、育児期間中も前職の同僚から業務の最新情報について聞いたり、インターネットで業界の動向について調べたりと、頭がさびつかぬよう努力してきたつもりです。また、英会話についても自宅学習をずっと続けており、先日のTOEICでは自己最高点を150点も引き上げました。
ブランクによるスキルダウンは、最小限におさえたつもりです。ご期待に応える自信があります。

One Point Advice

いかなる理由があるにせよ、前職の退職から今回の転職までにブランクがあることを、企業は嫌います。育児のためにブランクが生じることは致し方ないことですが、その間、再就職に向けて何も努力をしていないようでは、仕事への復帰は難しいでしょう。ブランクがある場合、「やむを得ない理由からのブランクだった」「ブランク中も、スキルアップの努力を怠らなかった」の2点を、どれだけアピールできるかが勝負です。

30代40代の転職

面接テクニック

採用を勝ち取る!

第6章

あなたの「実績」
もしくは「売り」は？
【職種別の傾向と対策】

6 1 人事・人材開発系は専門分野を明確にすること

◆人事・人材開発系の基本的な視点

人事は人材戦略の策定を行い、社員の処遇を整備する役割を担っています。そしてその業務は、採用・教育・研修・異動・労務管理・福利厚生・人事考課など多岐にわたります。これらは互いに関連する業務ですから、1つの業務に固定することはありませんが、主たる専門分野がどれかを明確にしておく必要があります。会社によって各分野の戦略は異なりますが、各分野で基となる法律や経営に関するものは会社が変わっても共通であることが多いからです。

また、人事業務には教育・研修といったものもあるので、対人関係にすぐれているかどうかも重要な要素です。できれば、社内外の研修講師などの経験があると有利になります。

◆30代・40代回答のポイントは？

例えば、資格であれば「社会保険労務士」の取得を目指したいところです。科目も多く、合格するのが非常に難しい資格なので、挑戦中ということでもかまいません。少なくとも、1回以上受験した経験があればいいでしょう

そして、「どの位、社会保険業務の経験がありますか？」という質問に対しては、「はい、健康保険、年金、雇用保険の一般知識と実務では5年ほど経験しております。これらの基本知識は社労士の学習過程で得ることができました。今年の2回目の挑戦で国家試験に合格しようと学習中です」など、専門分野への強い研鑽意欲を示すことが重要です。

Check!

人事・人材開発系は業務範囲が多岐にわたりますが、その業務の専門分野を明確にしておくことがポイントとなります。

ケース別回答例① 40代の場合

『評価制度の見直しで社員のモチベーションを高めました』

（食品会社から、同業他社へ転職）

前職では人事部に15年間おりまして、就業規則等社員に関わる制度の整備、人事評価・人事異動・給与計算等の「ヒト」に関わる業務全般、その他新卒・中途等の採用業務、健康管理、労組交渉、といった業務を行ってきました。ほぼ一通りの業務スキルを有しているかと思います。
特に、評価については人事戦略の最重要項目の一つとして、評価制度の見直しを常に検討してきました。例えば、管理職の評価には従来より考課表に点数制を導入していましたが、一般社員に至るまで目標管理シートに点数制を取り入れ、結果が明確に分かるよう見直しを図りました。このようなメリハリのある評価制度で、社員のモチベーションを高めることができたと思っております。

One Point Advice

30代40代、特に40代の人事部部員は、個々人に対する人事業務だけでなく、人事戦略的な部分までも十分に考慮しつつ仕事に取り組まねばなりません。従来の延長線上にいるのではなく、「社員のやる気に点火」するくらいの変化と勢いをもたらしてくれそうな人材こそ、面接官は求めています。
業績を数値で表すことが難しい職種ですが、だからこそ自身の業績をどうアピールすべきかの戦略が必要となります。

ケース別回答例② 30代の場合

『社内研修を工夫しながら実施してきました』

（IT会社から、同業他社へ転職）

前職では、人材開発の業務に就いておりました。IT業界に限ったことではありませんが、企業にとって「ヒト」は財産です。私は人材育成のために、まずは分かりやすい研修ロードマップを展開し、OFFJTの実施に尽力いたしました。
また、知識習得のための資格取得の推進、ハイレベルな技術習得に関しては社外研修を活用、そしてチームマネジメントの面も鍛える必要があることから、マネジメント研修等も積極的に取り入れるようにしてきました。
IT業界はテクノロジの変化が激しい業界ですから、社員の教育と育成、つまり人材開発の業務は、会社の心臓部だと思っております。社内研修制度の充実化は、そのキモとするのに、十分に値すると考えます。

One Point Advice

人材の育成は、どこの会社でも重要課題の1つです。ましてや、技術革新が日進月歩である業界では、人材開発の業務の重要性は高いでしょう。
回答例では、研修実施の経験をアピール材料の中心に置いています。30代は、若手の研修担当に就くケースが多いので、人事部への転職では売りにしやすい経験の1つでしょう。

6 2

経理事務系は専門知識と実務経験で

Check!

経理事務で重要なことは、経営の視点で物を考えることです。そして、検定資格や実務知識、業務の経験が必須です。

◆経理事務系の基本的な視点

経理事務には、経理・会計・財務等の名称で募集があり、業務内容は日々の出入金を管理し、予算編成、決算書作成、税務申告等を行い、決算時には顧問会計士、税理士と連携するといったことです。財務は金融機関との窓口になり、資金調達を実施します。

これらの業務において必要なのは、正確な事務作業と経営の視点です。経理・財務を通して会社経営全般を見ることができますので、決算書を作成して終わりでなく、これらの書類から会社経営の課題と対応策を常に提言する姿勢が求められるのです。

◆30代・40代回答のポイントは?

中途採用の経理事務の求人には、経験年数や検定資格といった応募条件が必ず示されています。よって、他の応募者も同じようなスキルを持っていると言えるでしょう。ですので、まずは自分のやってきた実務を具体的に話すことが求められます。できれば、応募先で予定される業務と自分の業務経験を関連させて話せればベターです。

一般に、経理は決算書というデータを作って終わりというイメージがありますが、更に大切なのは、そのデータから見える会社経営の課題と、その対応策を提言する力です。株式会社には、株主への説明責任がありますが、この説明の元は決算書です。すなわち、経理事務は会社経営に直結しており、決算書から見える問題点を会社トップや株主に分かりやすい言葉で説明する能力が求められているのです。

ケース別回答例①

『管理会計的な視点からも業務を行うよう心がけました』

（家電量販店から、同業他社へ転職）

前職では、経理部でマネージャ職に就いておりましたが、財務会計・管理会計の両方の視点から業務を行うことを心がけておりました。
管理会計的な行いとしては、日々の売上・仕入・利益を把握し、月の売上目標、利益目標に繋げられるよう、経営数値が把握できるシステムを5年前から導入しました。それにより支店長は勿論のこと、部門長、経営幹部が経営管理上の数値を把握することができ、スピーディーな意思決定の実現につながったかと思います。さらに、定期的に実績値と年間の見通しなどの報告を部門間で行い、目標の到達が危ぶまれる場合、到達するためにはどういう策を打つべきか、徹底的に議論を交わすようにいたしました。

OnePointAdvice

経理職は、ただ単に「数字にまつわる事務作業」をこなしていれば良いという業務ではありません。これからの時代は、管理会計の視点を持ち、経営者的な観点からの業務が求められてきます。特に、IFRSの導入が確実視されている昨今、管理職に就いている30代40代であれば、間違いなく「管理会計」は経理職のキーワードとなっていくことでしょう。要チェックです。

ケース別回答例②

『他部署の者に対して、経理業務についての講義を開きました』

（自動車会社から、同業他社へ転職）

経理部においては、日々の経理処理、会計処理、税務処理、決算報告書の作成、監査対応等の一通りの実務経験があります。また私自身、学生時代に税理士資格を目指していた関係で、税務処理にも対応することができます。法改正なども毎年のようにありますので、専門誌や税務セミナー等で最新の情報を得るべく、勉強も怠っていないつもりです。
また、独自の試みとしては、他部署の人間が意外と経理についての知識が無かったので、一般社員およびリーダークラスに対して、決算値・財務諸表の見方・経営指標値の捉え方等の講義を立ち上げました。これは大変好評で、3年前からは正式な育成プログラムとして採用されております。

OnePointAdvice

一通りの経理の経験を有していることは、もちろん強力なアピール材料です。ですが、回答例のように「イレギュラーな試みからの実績」は経理職では珍しいので、それほど大きな結果に結びつかなかったとしても、アピールしてみる価値があるでしょう。特に、教育や育成に関連する話は、30代40代であれば必ず求められる「部下のマネジメント能力」の証明にもつながります。

6-3 総務・広報系は業務範囲を明確に

◇総務・広報系の基本的な視点

総務部門は、社内業務遂行の支援が主な業務です。また、広報は自社情報を外部へ発進するのが役目です。これらの業務範囲は広く、応募者に期待される内容やレベルが募集企業によって相当異なります。よって、事務作業能力とともに、組織におけるバランスのとれた調整力や交渉力といったスキルを兼ね備えていることが望ましいのです。そして、これらの業務も基本的には経営に直結しているという視点が欠かせません。

◇30代・40代回答のポイントは？

総務であれば、柔軟で多様な行動が可能なことを示すことがアピールになります。また、全体に気配りができるバランス感覚に優れていることを、過去の具体的な行動を語ることで詳細に述べましょう。

広報ならば、これまでの経験を武器にすることです。例えば、ＩＲ（Investor Re.ation）等の経験は即戦力になりますので、これまでの活動経験について詳細に語ってください。また、それが特殊な経験であれば、その行動の内容を専門用語をできるだけ使わずに事実をもって語ることがアピールにつながります。

例えば、「前職ではＩＲ業務の中でも、一般投資家向けの資料作成にかかわりました。また、私は特許関連の法律を得意としておりますので、社内では知的財産についての業務も兼務しておりました」といったような言い方です。事実に基づいた、具体的なアピールをしましょう。

Check!
総務・広報部門の業務は幅広いため、応募先が何を求めているのか、それに合った知識や経験をアピールしましょう。

ケース別回答例①

『総務は、会社全体を盛り上げるべき立場でもあります』

（広告会社から、同業他社へ転職）

総務部に勤務して20年、会社の総括的な業務を担当してきました。総務部は、通常は会社運営の下支えを担っておりますが、時には「会社の顔」となり、会社全体を盛り上げるべき立場にあると認識しております。

例えば、昨年の10月には、会社創業20周年パーティーを企画いたしました。全社員はもちろん、お客様企業、ビジネスパートナー企業の皆さまをお招きし、盛大な行事を執り行いました。今後の会社の展望、長期経営目標を掲げるとともに、これまで功績のあった社員に対しては業績表彰も実施。会社の節目の年でもあり、次の10年に向かい一段の飛躍の思いを込め開催したことで、社員のやる気も増すことができたのではないかと思っております。

OnePointAdvice

総務部での業績はアピールしづらいですので、回答例のように「総務部は、時には会社の顔になることも役目だ」と言い切った上で、その根拠となるエピソードを披露するというのも、1つのやり方です。総務部は会社を根底から支える縁の下の力持ち的な存在ですが、様々な行事ごとを取り仕切る役割もありますから、「裏方役」から「表舞台の役」に至るまで臨機応変に対応できることをアピールしてください。総務部の踏ん張りが社員満足度に繋がり、やる気を醸成し、会社の発展を導くことになります。

ケース別回答例②

『イメージ作りを重視し、同時に部下の指導にもあたってきました』

（アパレル会社から、同業他社へ転職）

現職は広報部で、主に広告・宣伝の担当をしております。以前はデザイン企画にもおりました関係上、特にイメージ作りを重視し、広告にどのようなコンセプトを打ち出していけば良いのかを常に追求しつつ、同時にリーダーとして部下の指導にもあたってきました。

この業界は顧客志向のイメージが非常に重要ですし、打ち出すイメージの内容如何で、売上に直結することもあります。例えば、2年前に広告大賞のクリエイティブ部門で私のチームが賞をいただいたのですが、それが宣伝効果を生み、受賞後の売上が対前年同月比で30%伸びたのです。このことで、イメージの重要性を再認識することができたとともに、社員一人ひとりの自信にも繋がりました。

OnePointAdvice

広報は、外向けに何を宣伝し、どのような結果をもたらすことができるかがポイントとなります。30代40代であれば、投資対効果を意識しなくてはなりませんし、売上向上を達成することが使命となります。消費者にジャストフィットで訴えかけるものが大きければ大きい程、宣伝効果は期待できるはず。広告・宣伝は、その人の目利きのセンスが問われるのです。

6　4

企画・マーケティング系は情報と広い視野が決め手

◆企画・マーケティング系の基本的な視点

マーケティングの仕事は、市場動向を掴むためにデータを分析し、新製品開発や販売戦略を立てることです。マーケティングの４Ｐ（プロダクト・プライス・プレース・プロモーション）は言うに及ばず、トレンドなど幅広いテーマに対してあらゆるマーケティング手法を適用して資料を作成します。よって、情報を集める地道な作業と、広い視野を持って先を読み提案する視点が求められるのです。

企画は、経営企画、事業企画、商品企画と様々な分野があり、いずれも経営者の意思決定をサポートするものです。すなわち、経営者の視点で考え提案することが求められます。また、実務経験が重視されるのは他の職種と同じですが、応募条件は比較的緩やかだと言えるでしょう。

◆30代・40代回答のポイントは？

マーケティング職では、同じ業界の商品やサービスについての知識は即戦力としてアピールできます。また、異なる業界でも同じターゲット層での実務経験があれば有利です。関連職種での、類似した体験も評価の対象になるでしょう。関連職種とは営業、販売、商品企画部門ですが、こういった職種での経験があるのなら、ぜひアピールしてください。

企画職では、立案した企画の内容を具体的に述べて実績を強調します。企画書を作成すると同時に、顧客に対するプレゼンテーションを実施した事例を複数用意しておきましょう。もちろん、「先見性を持って市場を見ているか」についても厳しくチェックされます。

Check！

企画・マーケティング系では、情報収集力と分析力、提案力といった、広い視野を持つビジネス感覚が求められます。

ケース別回答例①

『メンバーの自由な発想を起点とした商品企画を心がけておりました』

（玩具会社から、同業他社へ転職）

前職では営業企画で7年、その後、商品企画で8年の経験を積みました。営業企画で、消費者のニーズについて直で調査できた経験が、その後の商品企画において大きく役に立ったと思っております。
私は家庭用ゲーム機の企画を担当していたのですが、最近は子供だけでなく、お年寄りも重要なターゲットです。ですので、チームのメンバーはあえて、バラバラの年代の者で揃えました。その上で、マーケティング部からの調査データをもとに皆で自由に意見を戦わせて、商品開発にモデルを試作してもらい、それをもとにさらに意見を戦わせていく。とにかく、メンバーの自由な発想を起点とした商品企画を心がけておりました。

One Point Advice

商品企画は消費者の声を拾いながら、斬新な何かを生み出していくことが求められます。ましてや30代40代の管理者の立場であれば、自らの働きかけと同時に、メンバーに自由発想で意見を出してもらい、そこから新商品に繋げていく活動が求められるのです。1人の発想と閃きからヒット商品を生み出すという能力は、余程のレベルでなければ、転職面接でのアピール材料にはなりません。

ケース別回答例② 40代の場合

『BRICSの台頭と購買力には早くから注目いたしました』

（化粧品会社から、同業他社へ転職）

現職では、商品開発担当5年、マーケティング暦15年です。商品については、お客様ニーズの多様化に向け、若年層から年配向けまで、安価なものから高級志向のものまで、幅広く取り揃えることを心がけております。
最近では日本ばかりではなく、海外にも視野を広げてきました。特に、BRICSの台頭と購買力には早くから注目しておりまして。ゆとりがあれば当然化粧品にもお金をかけるだろうということで、8年前から担当チームを現地に派遣し市場調査を続けてきています。おそらく数年内には、海外での売上の中枢にまで持っていけるという手応えを感じております。

One Point Advice

マーケティングの市場は国内のみではなく、グローバル化が進む一方です。よって、回答例のように海外展開を見据えた上での行動と実績は、大きなアピール材料となるでしょう。また、「8年前から・・・」という点も、マーケティングに必要な先見性の高さのアピールへとつながっています。

6-5

サービス・販売系は店づくりの実績を

◆サービス・販売系の基本的な視点

量販店、専門店、外食店舗といった接客を行うのがこの職種。お客さんとの1対1のコミュニケーションが基本です。よって、人とのコミュニケーション能力が優れていれば、未経験者でも広く門戸が開かれています。一方、経験者や転職者がステップアップをするためには、高い目標達成意識を持つことと、顧客満足の向上を実践できるかどうかがポイントになります。

また、販売技術と同時に、商品管理、ＰＯＰやＤＭ作成、顧客管理、人材の育成管理、あるいは店つくりの実績も、大切な要素となります。

◆30代・40代回答のポイントは？

30代40代の場合、面接の場で大切なのは、第一に「業務での実績を、具体的な数値でアピールすることができるかどうか」、第二に「人材の育生やマネジメントに絡む経験を語れるかどうか」です。

特に後者に関しては、スタッフに対して研修を実施したり、日常的に教育を行ってきたという点を、具体的に説明してください。部下育成については、「指示命令だけでなく、部下が自ら進んで業務を遂行しやすい言動や態度で自律を支援した」等の具体的な行動が評価されます。

また、店づくりについての考えと実践の行動についてもアピールしましょう。つまり、接客を基本とし、各種企画立案実行、売り上げ管理、スタッフ管理といったマネジメント能力を示す経験を述べることが重要なのです。いずれにせよ、面接自体が接客のスキルを評価される場であることを念頭に置いてください。

Check!
1対1のコミュニケーション能力、目標達成意識、顧客満足視点、そしてマネジメント能力についても厳しく見られます。

ケース別回答例①

『創意工夫で新しいサービスを考案し、結果にも結びつきました』

（清掃会社から、同業他社へ転職）


現在は、神奈川地区の18店舗での業務を管理しております。

神奈川の店舗長の会議では、お客様の声をきくことを大切にしています。それぞれの世帯でどんなサービスをしてほしいかを、お伺いした際に直接お聞きすることで商品化し、こまめにお聞きすることでサービスの多様化を図ってきました。その結果の1つとして、小さいお子様がいる家庭、高齢者の家庭向けに「あれこれサービス」と名付けたサービスを、新規に立ち上げております。

このサービスは、高齢者世帯の増加に伴い、前年比で2割増の伸びを達成いたしました。創意工夫が結果に結びついた好例ということで、メンバーのモチベーションアップにも大きく貢献できたと思います。

One Point Advice

創意工夫による新しいサービスの創出は、どの業界でも求められていることです。30代40代の場合、通常業務にプラスして部下の管理育成も考えねばなりませんので、新しい試みからは遠のいてしまっているケースが多い。だからこそ、転職時のアピール材料としては強力なのです。

回答例では、「あれこれサービス」という新サービスを打ち出した経験により、発想力と行動力をアピールしています。

ケース別回答例②

『お客様の立場に立った店舗運営を心がけています』

（ドラッグストアチェーンから、同業他社へ転職）


郊外型のドラッグストアで、埼玉県の20店舗の管理を受け持っています。

まずは、シーズンで売れ筋商品が変わるため、お客様がすぐに商品を見つけやすく、また用途別にも探しやすいようなレイアウトを心掛けています。例えば、2月上旬からの花粉の季節には、花粉症対策商品の陳列を前面に出し、面積も割いています。

また、セルフ・メディケーションの考え方を浸透させ、関連商品の売上を上げるために、症状が悪化する前にOTC医薬品などを上手に活用するためのパンフレットを常備し、目立つところへ置いています。

そして何よりも、ご来店いただくお客様とのコミュニケーションを大切にしており、日頃からの心のこもった接客のトレーニングも欠かすことなく実施してきました。

One Point Advice

販売業において最も重要なことは、「お客様の立場に立った上での販売戦略を考えているのか」「そのために、どのような創意工夫を行っているのか」の2点です。30代40代であれば「売り場に立つ店員」という立場だけではないはずですので、なおさら「店舗戦略としての創意工夫」が求められます。

なお、回答例にはありませんが、売上に対してどの程度の貢献ができたのか、具体的な数字を述べることができれば、尚良しです。

6-6 営業系は業界知識と実績を裏付ける数字で勝負

Check!
営業職は、目標達成の意識が強く求められます。それを達成した手段と実績を示すことで納得感を得ましょう。

◆営業系の基本的な視点

営業は、異業種での経験の全てが、面接でのアピールポイントにつながります。よって、「異業種からの転職」に対して、非常に間口が広い職種だと言えるでしょう。

営業で重要なマインドは「目標達成意欲」ですが、未経験でも、このマインドを持っていれば採用される可能性があります。

もちろん、即戦力という意味では、営業経験者が有利です。同業界での営業経験があれば、専門知識や業界の構造に精通しているので、より具体的なアピールができるでしょう。

◆30代・40代回答のポイントは？

例えば、ＩＴ系エンジニアから、ＩＴ人材関連会社の営業に転職する場合、前職での「ＩＴ関連の専門知識」は営業の大きな武器となります。このような場合は、同業他社で営業をやっていたという経験よりも、むしろ歓迎されるかもしれません。

但し、なぜ営業職に転職したいのかという点については、明確な説明が必要です。例えば、「営業と同行し、お客様に技術的な説明を行ったときに納得してご購入いただき、やりがいを感じました」といった、体験を交えた志望動機を伝える必要があります。

一方、営業職の経験者は、中高年ならではの「粘り強さ」を示す実績をアピールすることが有効です。できれば、具体的な目標値と実績値を上げ、それを達成するためにとった考え方や方法について述べることで、目標達成意欲が高いということを伝えましょう。

ケース別回答例①

『お客様の年代に合わせた戦略を常に心がけておりました』

（生活用品販売会社から、同業他社へ転職）


前職では、中小規模の小売店をメインに営業展開を行っておりました。

洗剤やヘアケア商品といった生活用品は、商品そのものの魅力ももちろん大切ですが、それ以上に対象としている顧客層が何を求めているのかについて正確にリサーチすることが重要です。よって、消費者の声に応えた商品仕様にするということ以外に、お客様の年代に合わせた戦略を常に心がけておりました。

私が重視していたのは、初速よりもむしろ、いかにリピーターを獲得するかということです。例えば、10代の女性をターゲットとした新商品のリリース時に、数ページの漫画形式にした冊子を無料でお配りしたことがあります。この試みは大きな反響を呼びまして、多数の新規顧客を獲得することができました。

One Point Advice

営業の基本は「自社の商品を、いかにして良い場所に、大量に陳列してもらうか」ですが、30代40代にはそれ以上が求められます。つまり、「新規のお客様を獲得し、リピーターになってもらう」ための戦略的な部分です。

営業職の転職希望者は、20代の数が多い傾向にあります。よって、年齢が上になるほど、営業戦略面での経験と実績で差別化を図るしかありません。

ケース別回答例②

『ニッチ商品に関する知識には、かなり自信があります』

（通販会社から、同業他社へ転職）


小売業界で10年の経験を積んだ後、通販業界で7年間、営業をやっておりました。

通販のキモは「リアル商店では真似のできない、多様な品揃え」にあるかと思いますが、それだけに商品毎の発注数バランスを1つ間違えますと、在庫が会社の経営自体を揺るがしかねません。私の場合、お客様目線からの商品選択、そしてお客様に対しての効果的な事前販促アプローチに関しては、胸を張れる数字を出せていると思います。これは、前々職であります小売業界での経験のおかげです。

また、私は「中高年男性向け生活用品」のニッチ商品に関する知識にはかなり自信がありまして。ネット通販に力を入れている御社であれば、きっとお役に立てるかと思います。

One Point Advice

この回答例は、この後に面接官から「小売業界のどんな経験が役に立ったのか」「中高年男性向け生活用品のニッチ商品とは、どのようなものなのか」という2点について、詳しく聞かれるであろうことを想定しています。

大きな数字を伴う目立った実績が無く、アピールポイントが抽象的な内容になってしまいそうな時は、自分の得意分野の話に意図的に誘導するのも1つの手です。

6 7

マスコミ系は媒体と顧客の特質にマッチした提案を

Check!
マスコミ系は、放送業界、広告業界、エンターティメント業界など、媒体が多様です。媒体の特質にあった回答が求められます。

◆マスコミ系の基本的な視点

マスコミ系は、扱う媒体によって仕事内容が全く違います。そして、媒体の性質によって、求められる人材も変わります。例えば出版社の場合、編集職、企画職、制作職とわかれており、仕事内容は全く異なるものです。よって、どの職種を志望するかによって、面接で言うべきこと、アピールすべきことが全く変わってきます。

そしてどの職種にせよ、30代40代が未経験で転職するには、非常に敷居が高い業界だと言えるでしょう。

◆30代・40代回答のポイントは？

例えば編集職であれば、作家との連携あるいはスタッフをまとめる力が必要ですので、マネジメント力が要求されます。マネジメント力では、相手の意見をよく聴く能力、そしてリーダシップやアサーション力といった柔軟性と強い意志を持っているかが重要です。

できれば、部下を持った経験と、部下を育成しながら業務を遂行した経験を、具体的に語ってください。

また、業務遂行において何らかの困難な状況に陥ったときの対応についてアピールできれば、高評価となります。

製作職の場合は、作品でしか判断されないと考えていいでしょう。作品を見せて、その意図、顧客層、制作期間などを簡潔明瞭にプレゼンテーションします。雑誌の場合はその量も多くなるので、最新のものを持参し具体的に語ります。更には、次につながる目標についても語れると良いでしょう。

ケース別回答例①

『対象を絞り込んだ効果的な広告を打てるかどうかがポイントです』

（求人広告会社から、同業他社へ転職）

こんな不況時ですから、求人広告の数は各社とも軒並み減少傾向にあります。しかし、企業は採用を完全に止めたわけではなく「ニーズにマッチした人材以外は採らない」という方針に変わったというだけですので、対象を絞り込んだ効果的な広告を打つことができれば、クライアントに困ることはありません。
例えば、外国人労働者を雇いたいと考えている中小企業は多いですが、コミュニケーション面でのトラブルを危惧し、大半が二の足を踏んでしまっています。そこで、「日本語での会話がある程度は可能な外国人」に的を絞り、さらに「外国人とのコミュニケーション役をこなせる管理職」の採用も提案することで、多数の発注を取れたという経験があります。

OnePointAdvice

広告系の営業にとっては、非常に厳しい時代です。特に、求人広告に関しては、不況の波をもろに受けてしまっています。
だからこそ、面接官は経験値の高い30代40代の応募者に期待をしているのです。過去の大きな実績よりも、「新しい会社でも、即、実績を出せそうなネタ」をアピールできるかどうかが勝負です。逆にそれが無ければ、体力と勢いにあふれた20代の応募者が選ばれてしまうでしょう。

ケース別回答例②

『3D映像革命の一役を担えたらと思っています』

（映像制作会社から、同業他社へ転職）

15年前に渡米し、専門学校で映像の3D化技術を学んだ後に、現地の映像制作会社へ入社。最終的には、プロジェクトマネージャーを任せていただける地位に就くことができました。中小の制作会社でしたので、OJTなどは無く、もちろん語学研修などもありません。映像技術と語学、それこそ寝る間も惜しんで勉強し続けた15年間でしたが、全ての事柄に対する姿勢が、真剣さが、良い意味で大きく変わった生活だったと思います。
日本でも、昨年から本格的な3D映画の波が来始めていると聞いています。但し、まだまだ「2D版を観た方が分かりやすい」という意見も多い、発展途上のジャンルです。御社で、3D映像革命の一役を担えたらと思っています。

OnePointAdvice

「15年前に単身で渡米し、現地の制作会社でPMの地位まで上り詰め～」と、かなりレベルの高い経歴での回答例ですが、ポイントはそこではありません。20代の応募者には真似できないであろう「10年、20年単位での努力と行動力」こそが、この応募者の最大の売りです。
不況期になればなるほど、企業は「努力ができる、行動力がある、精神的に強い」という人材を求めるのです。

6-8 金融系はどの分野のスペシャリストなのかを明確に

Check!
金融系には、トレーダー、証券アナリスト、ファンドマネージャ、アクチュアリー等があり、どの分野志望なのかを明確にしましょう。

◆金融系の基本的な視点

証券会社自らが投資家となって投資活動を行う仕事がディーラーであり、トレーダーは顧客の投資活動を手助けする役割で、ディーラーとの仲介役になります。

証券アナリストは、投資価値を判断する専門家。顧客の投資活動に対して、投資対象の価値判断のほか、投資全体の管理を請け負う場合もあります。顧客は、情報提供投資信託や保険会社といった機関投資家の場合と、個人投資家の場合とがあります。

ファンドマネージャーは、預かった資産で投資収益を最大限にあげるため、資産運用を行います。

アクチュアリーは、確率論や統計などを用いて、保険料や掛け金の算出などを行う専門家です。

◆30代・40代回答のポイントは？

いずれのスペシャリストも、他部署との交渉などコミュニケーション力がものを言います。その際、相手を説得する論理的思考力も必要。当然ながら、数字を避けては通れない業界のため、計算力だけでなく、数値分析力も求められます。ＴＰＯに合わせた服装も、コミュニケーションの一部です。面接では、質問の意図を汲みとり、丁寧に答えることが基本です。

金融スペシャリストの業務遂行には、資格が必須です。資格を取得した上で、知的で物腰の柔らかさも求められます。例えば、営業から証券アナリストへの転職であれば、まずは証券アナリストの資格をとり、なぜ売り手である営業から、買い手支援であるアナリストへ移りたいのか、具体的に述べる必要があります。

ケース別回答例① 30代の場合

『この年齢で、30名の部下を持つマネジャー職に就いております』

（地方銀行から、都市銀行へ転職）

現職は、地方銀行で大口顧客を対象とした資産管理を扱う部署で、マネジャー職に就いております。
入社当初は、リテール業務を担当しておりました。そこで、中小企業や個人顧客向けに営業活動を経験しましたが、新人の頃はお客様に教えて頂くことが多く、とにかくよくお客様のもとへ足を運んでいました。そのおかげで、地域のお客様とのコミュニケーションを重ねることができ、資産形成のノウハウ、お付き合いの仕方、折衝の仕方を叩き込まれたのだと思います。
その後の異動で、大口顧客を対象とした資産管理を担当させていただき、また私の年齢で30名の部下を持つマネジャー職に就けたというのは、同期では異例の早さだと自負しております。

One Point Advice

地銀から都銀のような、いわゆる「中小から大手への転職」の場合、前職での経験と実績について「自慢？」と思われるくらい強気でアピールしてもかまいません。もちろん、回答例にあるような話だけで終わっては論外ですので、その後に「具体的な数字を交えた実績のアピール」を行う必要があるのですが、「控えめに言っておこう」という発想は無くしましょう。

ケース別回答例② 40代の場合

『一貫して中小企業への営業を担当してきました』

（国内証券会社から、外資系証券会社へ転職）

入社してからの23年間、一貫して中小企業への営業を担当してきました。
私は、日本経済を支えてきたのは、地元密着型の中小企業だと思っております。そして、そんな中小企業の経営者の方々と、バブル期から現在の不況期に至るまで直接お話をしてきましたので、彼らの「苦労と工夫」については、嫌と言うほど目の当たりにしてきました。
彼らに対して資産運用のご提案を行うには、「労を惜しむことなく、諦めることなく」がキーワードとなります。この部分での微妙な呼吸感は、長年の経験からでないと身に付けることはできません。御社でも、必ず役に立つ経験であると自負しております。

One Point Advice

中小企業の経営者からは多くのことが学べるはずです。彼らは、この変化の大きい時代においても、逞しく生き残ることを日々実践してからです。よって、中小企業に対する営業経験が長いというのは、それだけで大きなアピールポイントとなります。
特に、外資系企業は地元密着型の中小企業から嫌われる傾向にあります。外資への転職面接では、強くアピールしてください。

6-9 スペシャリスト系は経験・自己研磨意欲・情報発信力が大事

Check!
コンサルタントやインストラクターに必要とされる3つの要素。そのどれもが、十分なビジネス経験がベースとなります。

◆スペシャリスト系の基本的な視点

コンサルティングには様々な種類があります。経営戦略、IT、技術、会計、人事、M&A、セキュリティ、建設、そして最近では、環境コンサルタントなどもあり、実に多彩です。必ずしも、資格がなければならないというわけではありませんが、十分なビジネス経験を積んでいること、そして企業の業績向上に有効な実務知識と遂行力が求められます。

コンサルタントとして企業に入る、あるいは独立して業務を行う場合には、コンサルを受ける会社にとって、利益を生み出す仕組みを与えることができなければなりません。コンサルタントは評論家ではなく、業績向上策の提案とその推進力が重要なのです。知的な仕事ではありますが、その思索推進のためにはクライアントとともに行動する泥臭い一面もあります。例えば、企業再建などでは、工場に詰めて現場に出向き、自ら行動する場面もあるのです。

インストラクターも、ビジネスでの経験が重要です。その経験を背景に、相手にとって必要な情報や知恵を伝える能力が必要となります。

◆30代・40代回答のポイントは？

コンサルタント・インストラクター、いずれの職種でも、面接で重要なポイントは次の3点です。「ある業界での十分なビジネス経験があること」「自己研鑽の意欲が高いこと」「情報の発信力にすぐれていること」。情報発信の前には、当然クライアントの考えを良く聴く力が求められます。これらの能力を、過去のビジネス経験や学習経験をもとに具体的に語ることが、採用の条件になります。

ケース別回答例① 30代の場合

『理想的なチーム運営に近づけたのではないかと思っております』

（教育ビジネス会社から、同業他社へ転職）

前職では、PCスクールでインストラクターチームのマネージャをやっておりました。生徒さんには40代、50代の方が多く、当然、仕事でそれなりの地位に就かれている方も沢山いらっしゃいました。
よって、その年代の方に合った教え方に徹することはもちろんですが、皆さん目が肥えているので、立ち振る舞いや話し方についてより厳しく見られることが想定されます。そこで、私自ら授業を受け持つことで「何が困難なのか」を体感したうえで、メンバーとの話し合いを密に行い、全員参加の勉強会を頻繁に開催しました。メンバー一人ひとりのパフォーマンスを最大限に引き出す…というのは言い過ぎかもしれませんが、理想的なチーム運営に近づけたのではないかと思っております。

One Point Advice

30代40代が部下の育成能力を求められるのは、どの業界でも同じです。ましてや、それが「教育＝仕事」という教育ビジネス系の会社であれば、なおさらでしょう。画一的な教育・育成方法ではなく、自身の部下、自身のチームの状態に合わせて、どれだけ創意工夫を凝らした試みを行えたのか。それが、どのような実績に結びついたのか。ここをアピールできるかどうかが勝負です。

ケース別回答例②

『人と人のコミュニケーションが大切です』

（店舗デザイン会社から、同業他社へ転職）

現職では、商業施設の室内設計を手掛けています。設計の対象は、人が働く場所であったり、食事をする場所、ショッピングする場所であったりします。その場所の用途、目的により、デザインも七変化するわけですが、共通しているのは、そのどれもが「人と人とがコミュニケーションをとる場所」であるという点です。
私は設計を始めるにあたって、オーナーさん、デザイナーさん、そして施工業者の皆さんと、どれだけ密に話し合えるかが大切だという方針でやってきました。もちろん、社内の上司・部下とのそれも同じだということは言うまでもありません。机の上の作業だけでは、少なくとも「人と人とがコミュニケーションをとる場所」のイメージが湧くはずはない。そう考えております。

One Point Advice

スペシャリスト系の仕事は、ともすれば「職人気質。協調性よりも独自の専門性」といったイメージを強く持たれます。ましてや、年齢が高ければ高いほど、その傾向は顕著になるでしょう。だからこそ、回答例のように「どれだけ密に話し合えるかが大切」というスタンスを前面に出すことは、好印象につながります。

6 10

技術開発系はスキルと統括力で

Check!
技術職は専門技術の水準で勝負しましょう。自己のスキルの的確な表現と技術の研鑽についての表現が、採用の鍵となります。

◆技術系の基本的な視点

技術職にも、多くの分野と業務があります。例えば製造業の技術職であれば、研究職、開発設計職、生産技術職などが、専門的技術を必要とする職種です。これらの技術職の場合には、まず応募先の企業が必要とする専門技術のレベルが採否を決定します。

そして、研究職や開発職であれば、前職での業務内容と実績を、面接官にいかに分かりやすく伝えられるかどうかがポイントです。専門用語はできるだけ使わず、平易な言葉で表現できるのか。そこで、コミュニケーション能力を見られます。

◆30代・40代回答のポイントは？

技術は日進月歩で変わっていくもの。当然、応募者が「変化に対して柔軟に対応できるタイプなのかどうか」については、厳しく見られるでしょう。特に、中高年には「変化に対応できない」というイメージがありますので、30代40代の応募者であれば、自身の柔軟性を強調する必要があります。

また、忘れてはならないのが「企業秘密に関する注意」です。面接で聞かれたからと言って、前職での社外秘な技術的情報をベラベラとしゃべってしまうようでは、逆に不信感を抱かれてしまいます。

「あまり、つっけんどんに拒否しては、悪く思われるのでは？」と不安に思ってしまうかもしれませんが、例えば「申し訳ございませんが、前職を退職するときに誓約書を書いており、業務の内容に関しては口外しないことが義務づけられております」とでも言い切ってしまってください。逆に、あなたの信頼性が増すことでしょう。

ケース別回答例① 30代の場合

『「皆で燃える！」というモットーを浸透させてきました』

（モバイルアプリ開発会社から、同業他社へ転職）

現職では、モバイル端末のアプリケーション開発に従事しており、チームのマネージャを任されております。実績ですが、直近ではA大学との提携で通信講座をスマートフォンアプリに搭載することができ、最終的には5つの大学との契約にまで発展させることができました。また、警備会社との連携でモバイル型の警備サービスを開発したところ、海外の警備会社からも引き合いがありました。
また、私はチームメンバーに対して、いつも大げさなまでに「アイデア1つで新しい領域に進出しよう！」とアピールし、「皆で燃える！」というモットーを浸透させることに努めています。ともすれば個人仕事になりがちな開発職ですが、だからこそ、前向きな雰囲気作りがマネジャーの重要な役目だと思っています。

One Point Advice

技術開発系の職場は、ミーティング以外では「各人が机に向かい、黙々と」となりがちです。よって、マネージャにはメンバーの士気を高めるムードメーカー的な役割が求められることもあるでしょう。たしかな実績と統括力、この2つのアピールがより効力を発揮する職種なのです。

ケース別回答例②

『複数の人間の異なる視点と発想が不可欠です』

（家電メーカーから、同業他社へ転職）

技術開発職において「従来の延長線上」という概念は、あまり好ましいものではありません。特に家電では、最近のエコ商品ブームのおかげで、今まで以上に「これまでに無い発想」が求められてきています。例えば、洗濯機の場合は「洗剤の減量」「稼動時間の短縮」「水量の減量」といった課題をクリアするために、ドラムの構造や回転の仕方に至るまで、様々なパターンを想定して行かねばなりません。そこには、複数の人間の異なる視点と発想が不可欠です。
そこで、私のチームではとにかく頻繁に、新企画をテーマとしてブレストを行っています。ブレストであれば、新卒社員であっても気兼ねなく発言することができるので、新しい視点と発想を得るという意味では非常に効果的です。

One Point Advice

若いメンバーがいるチームでは、通常のミーティングでは「上の者が全てを決める場」となりがち。そういう時は、ブレイン・ストーミングが有効です。開発職には、複数の視点による新たな発想が不可欠です。メンバーからそれを引き出す役目を担っているのが30代40代の管理職ですから、面接の場でアピールすべきことは何なのか、自ずと見えてくるでしょう。

6 11

ＩＴ・通信系はスキルと幅広い業務知識で

◆ＩＴ・通信系の基本的な視点

ＩＴサービス・ソフトウエア業界は成長を続けている分野であり求人も多いですが、インドや中国への海外委託も盛んに行われており、国内で求められるのは「国内外のエンジニアを統括し、システム開発をやり遂げることができる人材」です。よって、提案型営業活動に対応できる、流通、製造、金融などのシステムに通じる幅広い業務知識が求められます。

また、ネットワークエンジニアにも脚光が当たっています。業務アプリもデータベースも商品販売も、ＬＡＮやＷＡＮ、Ｗｅｂの上で動くことが基本だと言えるほどになってきました。ＣＡＤデータをリアルタイムでやりとりしたり、ネット会議、遠隔地医療など、ネットワークにまつわる新技術は休みなく進歩し、領域も広がっています。また、個人情報保護法やウイルス、デジタルアタック問題などで、一般企業のセキュリティに対する関心も高まっています。ＴＣＰ／ＩＰやＬＡＮなどの通信技術の知識やサーバ、ルータなどの機器経験、それらを相互運用できるスキルは必須です。

このような状況下にあるＩＴ・通信系では、絶えず進歩する新技術への柔軟な対応力が求められます。

◆30代・40代回答のポイントは？

例えばプログラマーであれば、集中力あるいは緻密さについて、具体的に経験した仕事内容を通じて説明しましょう。システムエンジニアは、分析力や企画力、上級職にはさらにコミュニケーション力が求められます。ネットワークエンジニアであれば、多方面に渡る技術についての、関心領域の広さをアピールします。

Check!

IT系のサービス・ソフトウエア業界、通信系のエンジニアは、幅広い知識と同時にマネジメント力が求められます。

ケース別回答例① 40代の場合

『幅広いシステムの構築経験が私の財産です』

(IT会社から、同業他社へ転職)

SIerでの勤務は今年で20年目を迎えますが、これまでの公共系・金融系・法人系での幅広いシステムの構築経験が、私の財産となっています。大規模なシステムでの経験は、マルチベンダーでの技術習得、様々な業務知識の習得に役立ちましたが、世の中に新たなサービスを提供することの成功体験で、充実感も味わうことができました。
各プロジェクトで得られた、様々な企業やパートナー会社との繋がりも私の強みとなっています。そして何よりも、ビッグプロジェクトを成功させるためには周りの人々の協力を得ることがキーであり、リーダーとして自身がどのように関われば良いのかについても、常に模索し続けて参りました。

One Point Advice

IT業界は若い人材が中心ですので、特に40代であれば、ある程度大きな規模での構築経験が不可欠ですし、さらに様々な人的パイプがあることも求められるでしょう。また、専門的な要素が強い業界ですが、求められるのはゼネラリスト的な、幅広い業務知識です。

ケース別回答例② 30代の場合

『低コスト・高信頼性・業務の効率化において、高い評価をうけました』

(通信会社から、同業他社へ転職)

前職では、お客様企業に対して最適な通信サービスを提供するべく、コンサルタント業務を行ってきました。どんなに不況下にあっても様々なサービスや業務のシステム化は進む一方ですが、企業にとっては通信費用がコスト増の要因になりかねません。そこが、経営陣の頭を悩ませているところです。
そこで私は、業界に先駆けて法人企業に対する「トータルVPNサービス」の開発に携わり、結果、お客様企業のビジネスに最適解のワンストップソリューションを提供できたと思います。このことにより、課題である低コスト・高信頼性・業務の効率化において、高い評価をいただけました。御社においても、お客様の課題解決を最重要として、サービスの拡充を行っていきたいと考えております。

One Point Advice

システム化が進むことにより、通信コスト増の問題はどの企業でも避けられないでしょう。通信会社としては、そこをどうクリアしていくかが命題です。30代40代であれば、経営者視点に立ったサービスの提案が求めらるということは、先でも述べてきたとおりです。回答例の場合は、その部分をズバリ突いたサービスの提供ができているという実績が、最大の売りとなっています。

監修者あとがき

グローバル化によるボーダレスな環境への変化、それに伴う業間競争の激化や働く人々の意識の変化等により、人材・雇用市場の流動化が急激に加速しています。長期離職者の再就職、若年者の早期離職、ニートの就業促進など、職業生活に係る大きな社会問題が発生しています。現代は、行政・民間を問わず、キャリア開発支援は大きな課題であります。また、働く人々にとっても、人生90年時代となった今、キャリア形成は、人生を通じて真剣に取り組まなければならないといえます。

このような背景に鑑みて、私たちは「日本プロフェッショナル・キャリア・カウンセラー協会」を設立、意欲あるキャリア・カウンセラーを育成し、キャリア開発・形成の支援活動を通じて社会に貢献しています。私たちのメンバーであるプロフェッショナル・キャリア・カウンセラー®は、人材・雇用に関する幅広い分野で、個人の充実した職業人生活の実現やキャリア開発・形成を支援します。目的は、心身ともに健全な職業人づくり、労働需給ミスマッチの解消、早期再就職の支援、人生90年現役時代を見据えたキャリア開発・形成などです。

この本は、われわれの長年の就職支援のノウハウが詰まっています。あなたが、早期に再就職され、仕事を通じて、日本社会の活性化と自己実現されることを願ってやみません。

NPO／特定非営利活動法人　日本プロフェッショナル・キャリア・カウンセラー協会
（Japan Institute of Professional Career Counselors：通称　ジピカ）
理事長　白根　陸夫
HP：http://www.jipcc.or.jp

【著者紹介】

井上　隆一（いのうえ　りゅういち）

日本電気株式会社にて35年間勤務。コンピュータ開発、海外販売、技術部門長として35年間携わり、その後、人材紹介会社勤務。2006年キャリアコンサルタントとして独立。IT系人材転職のキャリア・コンサルタントや経営研修講師として活動中。同時に日本電気他でキャリア開発教育や人材育成コンサルタントとして現在活躍中。キャリア・コンサルタント養成講座では転職希望者の指導や面接官を養成、転職合格請負人として若年層から高年者まで丁寧に指導している。

ライフワークは、転職支援・人材育成による日本企業再生。

慶応義塾大学卒。1949年生。

NPO／特定非営利活動法人日本プロフェッショナル・キャリア・カウンセラー協会所属。

吉武　美沙（よしたけ　みさ）

証券会社秘書室、広報部、営業部を経て、1995年に、現所属NTTデータ東京SMS株式会社（ITサービス企業）の会社設立準備室から会社設立に携わる。2002年より、株式会社NTTデータ3Cの会社設立のため3年間出向。現在は、経営企画本部人材開発部長として、新卒採用、中途採用等の採用から、人材の育成まで、一貫した人材のキャリア開発に従事。採用面接、登用面接、社員との面談回数は年400～500回を実施。

個人CDP、スキル標準、研修ロードマップなどの人材開発プログラムを構築し、 その実績をセミナーなどで講演「ITSS ITSMを活用したキャリア開発へのチャレンジ」を行っている。

IT協会「ITサービスマネジメント研究会」企画委員会委員。


【監修団体の紹介】

NPO/特定非営利活動法人
日本プロフェッショナル・キャリア・カウンセラー協会
JIPCC ジピカ

NPO／特定非営利活動法人 日本プロフェッショナル・キャリア・カウンセラー協会

英語表記名：Japan Institute of Professional Career Counselors

略称：JIPCC（ジピカ）

本法人は、「キャリアの開発・形成」や雇用の創出及び安定に、強い意欲と熱意を持つ不特定多数の市民および団体に対して、支援活動を行うために設立されました。

支援活動の主目的は、個人の生涯にわたるキャリア形成に不可欠な「キャリア・カウンセリング」を推進することにあります。次世代のキャリア・カウンセラーの育成と活動支援を通じて、健全な職業人づくりや個人の継続的なキャリア形成をもって、広く公益の増進に寄与するものです。

30代《だい》40代《だい》の転職《てんしょく》　採用《さいよう》を勝《か》ち取《と》る！

面接《めんせつ》テクニック

発行日　2010年　5月25日　第1版第1刷

著　者　プロフェッショナル・キャリア・カウンセラー®
井上《いのうえ》　隆一《りゅういち》／吉武《よしたけ》　美沙《みさ》

監　修　特定《とくてい》非《ひ》営利《えいり》活動法人《かつどうほうじん》 日本《にほん》プロフェッショナル・キャリア・カウンセラー協会《きょうかい》

発行者　斉藤　和邦

発行所　株式会社　秀和システム
〒107-0062　東京都港区南青山1-26-1 寿光ビル5F
Tel 03-3470-4947（販売）
Fax 03-3405-7538

印刷所　三松堂印刷株式会社　Printed in Japan

ISBN978-4-7980-2614-5 C0030